AF592272

POLICE DE L'INDOCHINE

GUIDE
DES
AGENTS DE POLICE
DE LA VILLE DE CHOLON

A. MOUCHONIÈRE
SECRÉTAIRE DE POLICE

SAIGON
IMPRIMERIE DE L'UNION NGUYEN-VAN-CUA
1921

ABRÉVIATIONS

C. P....	Code pénal.
C. I. C..	Code d'Instruction criminelle.
C.P.C. .	Code de Procédure civile.
C. C....	Code civil.
C. J.M..	Code de Justice militaire.
A. Min..	Arrêté Ministériel.
A.G. G..	— du Gouverneur Général.
A.G. C..	— du Gouverneur de la Cochinchine.
A.L. G..	— du Lieutenant-Gouverneur.
A. G....	— du Gouverneur.
A.C.A.G.	— du Contre-Amiral Gouverneur.
A.R.S...	— du Résident Supérieur.
A. D. I..	— du Directeur de l'Intérieur.
Don.....	Décision.
O.......	Ordonnance.
A.M.C. .	Arrêté municipal de Cholon.

GUIDE DES AGENTS DE POLICE

ABANDON

Abandon sur la voie publique de pinces, barres, barreaux, échelles ou autres machines et des instruments ou armes pouvant servir aux malfaiteurs (Contravention. 471, § 7, C. P.).

Rechercher le propriétaire et lui dresser contravention. S'il reste inconnu, déposer les objets au poste de police, à moins que leur volume ne permette pas leur transport.

Les voitures abandonnées par leurs conducteurs, les animaux, bestiaux et volailles trouvés errant sur la voie publique, seront conduits au poste de police et mis en fourrière

Dresser contravention au propriétaire, s'il est connu.

ABATTOIRS PARTICULIERS

Les tueries particulières sont interdites. (A. M.C. 26 septembre 1912 art. 4.) — Viande ne portant pas l'estampille de l'Abattoir (Art. 48 même arrêté).

Signaler au commissaire de police les personnes qui font abattre chez elles du gros bétail.

ABUS D'AUTORITÉ

Il y a abus d'autorité de la part d'un agent de police agissant en sa qualité, lorsqu'il s'introduit dans le domicile d'un citoyen contre le gré de celui-ci, hors les cas prévus par la loi, c'est-à-dire sans être porteur d'un mandat de justice ou sans réquisition du chef de la maison. (Délit 184. C. P).

Ou lorsqu'il a usé ou fait user de violences, sans motifs légitimes, envers les personnes, dans l'exercice ou à l'occasion de ses fonctions. (Délit. 186. C. P.).

Ou lorsqu'il requiert l'emploi de la force publique contre l'excécution d'une ordonnance ou mandat de justice, ou de tout autre ordre émanant de l'autorité légitime. (Crime 188. C. P.).

Les peines qu'il encourt ne sont applicables qu'aux supérieurs, s'il justifie qu'il a agi par leur ordre pour des objets du ressort de ceux-ci sur lesquels il leur était dû obéissance hiérarchique. (190-191, C. P.)

Voir : VIOLATION DE DOMICILE,
LÉGITIME DÉFENSE

ABUS DE BLANC-SEING

Crime ou délit selon le cas. (407, C. P.).

Arrêter l'inculpé sur la voie publique quand il y a réquisition ; le signaler dans les autres cas.

ABUS DE CONFIANCE

Délit (406-408, C. P.).

Arrêter l'inculpé sur la voie publique quand il y a réquisition ; le signaler dans les autres cas.

ACCIDENTS. (*V.* REFUS DE SECOURS)

1° ACCIDENT AYANT ATTEINT DES PERSONNES.

Lorsque les blessures sont légères l'agent conduit les parties et les témoins au commissariat de police. Si pour une raison quelconque il ne peut le faire, il prend note des nom, prénoms, âge profession et domicile des parties intéressées et témoins et fait un rapport circonstancié au commissaire de police.

Si les blessures ont quelque gravité, il fait transporter le blessé au commissariat ou dans une pharmacie tout en retenant l'auteur de l'accident et fait prévenir le commissaire de police.

2° ACCIDENT AYANT OCCASIONNÉ DES DÉGRADATIONS MATÉRIELLES

L'agent relève l'identité des parties, échange les adresses entre elles et en rend compte au commissaire de police.

3° Animaux blessés sur la voie publique

Rechercher si la mort ou les blessures ont été le résultat de la divagation de fous, ou d'animaux malfaisants ou féroces, ou de la rapidité, mauvaise direction, ou chargement excessif des voitures, chevaux, etc. (479, § 2, C. P), ou de l'emploi ou usage d'armes sans précaution ou avec maladresse, ou du jet de pierres ou autres corps durs (§ 3) ; ou de la vétusté, du défaut d'entretien de maisons ou édifices, ou de l'encombrement ou l'excavation de tous ouvrages dans les rues, etc. sans les précautions ou signaux prescrits (§ 4).

Contravention.

En cas de fuite du conducteur d'un véhicule quelconque qui vient d'occasionner un accident, l'arrêter si possible et le conduire au commissariat. En cas contraire, recueillir tous renseignements pouvant permettre de le retrouver. (Délit Loi du 17 juillet 1908).

ACCOUCHEMENT

Les personnes qui ont assisté à un accouchement doivent en faire la déclaration dans les 3

jours à l'état-civil. (Délit. 346 C. P.). Ce délai est de 8 jours pour les indigènes. (Décret du 3 octobre 1883, art. 8).

Signaler les infractions.

ACCUSATION

Toute personne acquittée légalement ne peut plus être accusée en raison des mêmes faits.

ACQUITS D'IMPOT PERSONNEL

(V. ASIATIQUES)

Tout indigène, minh-huong ou métis non reconnu âge de 18 à 60 ans, doit avoir payé son impôt personnel de l'année courante avant le 30 avril (A.L.G. 7 avril 1894, art. 1er = 27 septembre 1902, art. 1er).

Ceux qu'un séjour en prison aura empêché de payer leur impôt avant le 30 avril auront un délai d'un mois à compter du jour de leur libération pour se mettre en règle. (A. L. G. 27 septembre 1902, art. 1er).

Tout indigène ou assimilé habitant antérieurement au 15 décembre dans les limites de la ville de Cholon doit avoir payé son impôt dans cette ville avant le 30 avril (A.G. du 3 janvier 1919).

Contravention.

(Circ. 25 juin 1913). – Les agents subalternes doivent payer l'impôt personnel. Ils sont dispensés de prestations, centièmes et taxes communales.

Sont entièrement dispensés de l'impôt, les miliciens etc., les élèves boursiers de l'école normale et de l'école professionnelle de Saigon. (Circ. 17 décembre 1908).

Sont exempts du paiement de l'impôt, les phus, huyens, ministres des cultes et frères indigènes, les réservistes. (A.L.G. 16 mai 1903. art. 1er)

Sont astreints au paiement de l'impôt : les indigènes du Tonkin. (A.R.S 2 juin 1897); du Laos (A.G.G. 6 juillet. 1909) et de l'Annam (A.G.G. 20 août 1903), âgés de 18 à 60 ans.

Arrêter les indigènes et assimilés rencontrés sans papiers d'identité.

Agir de même pour ceux trouvés porteurs de papiers ne leur appartenant pas. (Délit. 153-154, C. P.).

ACTES DE DÉVOUEMENT

Tous les actes de courage qui parviennent à la connaissance des agents doivent être signalés au commissaire de police.

ADULTÈRE

Délit. (336 à 339. C. P.)

Les agents ne doivent pas obtempérer aux réquisitions des particuliers tendant à leur faire constater un flagrant délit d'adultère, ni à celles tendant à faire arrêter une personne coupable de ce délit.

Inviter ces personnes à s'adresser au commissariat,

AFFICHAGE — AFFICHES

Tout imprimé rendu public doit porter l'indication du nom et du domicile de l'imprimeur. (Loi du 29 juillet 1881, art. 2). — Les affiches émanant de l'autorité seront seules imprimées sur papier blanc. Il est interdit de placarder des affiches particulières dans les emplacements reservés aux actes de l'autorité (art. 15) — Ceux ayant enlevé, recouvert ou altéré par un procédé quelconque de manière à les travestir ou les rendre illisibles, des affiches apposées par les soins de l'Administration dans les emplacements à ce réserve ; ou des affiches électorales si elles sont apposées ailleurs que sur les propriétés de ceux qui ont commis cette lacération ou altération : Contravention. — Si le fait a été commis par un fonctionnaire public. Délit. (art. 17).

Affichage électoral hors des emplacements spéciaux réservés par l'autorité (Loi du 20 mars 1914, art 1er).

Contravention.

Pendant le jour, conduire les contrevenants au commissariat de police ; pendant la nuit, les consigner au poste s'ils ne justifient pas suffisamment de leur identité.

Les affiches électorales comprenant les combinaisons bleu, blanc, rouge sont interdites. (Loi du 30 mars 1902, art 44).

Contravention à l'imprimeur.

Toutes les affiches, même manuscrites, doivent être timbrées (A.G.G. 13 novembre 1900), sauf les affiches électorales des candidats. (art. 12, N° 60).

Procès-verbal.

Sont aussi interdites les affiches :

Annonçant des remèdes secrets. (Loi du 21 Germinal, An XI art. 36) ;

Renfermant une provocation à des crimes ou délits. Loi du 29 juillet 1881, art. 23 à 25) ;

Ou des outrages aux bonnes mœurs, (même loi et Loi du 2 août 1882, art. 1er) ;

Ou des loteries non autorisées. (Loi du 21 mai 1886, art. 4).

Lorsque les agents constatent que des affiches de ce genre ont été apposées, ils doivent en informer immédiatement le commissaire de police.

Arrêter les coupables en cas de flagrant délit.

AGIOTAGE

Délit. (419-420. C. P.).

Signaler les personnes qui, par des moyens quelconques, ont opéré sur la hausse ou la baisse des marchandises ou denrées, grains, farines, etc.

ALCOOLS

Saisir l'alcool de contrebande sur la voie publique et conduire le délinquant au commissariat.

Signaler les commerçants qui vendraient de l'absinthe ou des produits similaires.

ALIÉNÉS

Contravention. (475, § 7. C. P.).

Lorsqu'un agent trouve un dément sur la voie publique, il doit autant que possible arriver par persuasion à le conduire au commissariat. Si la folie est furieuse, il doit prendre tous les mesures qu'indique la prudence pour s'assurer de sa personne.

Quand l'aliéné se trouve dans son domicile ou chez un tiers, l'agent, avant de s'assurer de sa personne, doit en informer le commissaire de police et prendre, s'il y a lieu, les mesures de précaution que réclame la sécurité des voisins et de la personne malade, en attendant l'arrivée du commissaire.

Lorsque les agents, conduisent l'aliéné au poste, ils l'y gardent à vue car ils ne doivent, sous aucun prétexte, le déposer au violon.

ALIMENTS

Il est défendu de détenir, exposer, mettre en vente et vendre des aliments corrompus ou nuisibles. (Délit. Loi du 1er Août 1905).

En cas de plainte sur la voie publique, prendre les nom et domicile du plaignant et l'inviter à se rendre au commissariat pour faire examiner les marchandises qu'il déclare être corrompues. Si le coupable est un marchand ambulant, il doit être arrêté; s'il est établi, il suffit de le signaler.

Si les denrées corrompues ou nuisibles sont des fruits ou légumes frais. (475, § 14, C.P.).

Contravention,

ALLUMETTES

Fabrication d'allumettes sans autorisation, (A.G.G. 7 février 1899, art. 25).— Détention vente ou colportage de boîtes d'allumettes non revêtues des vignettes de la régie (art. 29).

Signaler les fabriques clandestines.

Saisir les allumettes et tous moyens de transport sur la voie publique. Dans tous les cas, arrêter les délinquants,

AMBASSADEURS, AGENTS DIPLOMATIQUES

Outrage envers les agents diplomatiques commis par paroles, gestes, sifflet ou huées. (Délit. Loi du 29 juillet 1881, art. 37)

Arrêter ou signaler les délinquants.

Nul fonctionnaire ou agent ne peut pénétrer dans l'hôtel ou le domicile d'un ambassadeur ou agent diplomatique sans la réquisition de ce dernier, même en cas de crime ou de délit. (Droit des gens). Les mêmes privilèges appartiennent aux secrétaires d'ambassade mais non aux secrétaires d'ambassadeurs.

Les consuls ne sont pas considérés comme agents diplomatiques.

Si des infractions sont commises sur la voie publique par des gens de cette catégorie, se borner à en rendre compte au commissaire de police.

ANARCHISTES

Délit. (Loi du 28 juillet 1894).

Signaler les actes de propagande anarchiste.

ANIMAUX

1° Animaux tués, blessés ou maltraités

Ceux qui tuent ou blessent méchamment des animaux appartenant à autrui. (Délit. 452 à 455, C. P.).

Arrêter les coupables.

Ceux qui, par imprudence ou maladresse, occasionnent la mort ou la blessure de ces animaux. (479, § 2, C. P.).

Contravention.

2° ANIMAUX MALFAISANTS OU DANGEREUX

Il est interdit de conserver, soit en cage, soit à la chaîne, des animaux tels que tigres, ours, panthères, reptiles, etc..., sans autorisation de la mairie. (A. G. G. 26 février 1877). (Voir C. P. art. 475, § 7).

Contravention.

3° ANIMAUX MORTS

Les animaux morts de maladie seront enfouis à 2m de profondeur, à 100m au moins de toute habitation. Ils seront recouverts de 0m20 de chaux. Le tout aux frais du propriétaire. (Don G. 13 novembre 1878, art. 1er).

Il est défendu de laisser des animaux morts sur la voie publique. Leur propriétaire est tenu de les faire enfouir au lazaret. (A. M. C. 15 juin 1907, art. 51).

Contravention.

Si le propriétaire ne peut être trouvé, aviser d'urgence le commissaire de police afin qu'il prenne les mesures nécessaires.

Les animaux morts seront enfouis au lazaret de Cholon. Les frais sont à la charge des propriétaires (A. M. C. 15 janvier 1903, art. 2).

4° Animaux atteints de maladies contagieuses (V. Epizoot es).

5° Elevage d'animaux

Il est défendu de faire ou de laisser paître sur la voie publique les animaux des espèces bovines, bubalines, chevalines, porcines, ovines ou caprines. Dans la 1re et 2e zônes telles qu'elles sont limitées par les arrêtés en vigueur, il est interdit de laisser errer des volailles sur la voie publique (A. M. C. du 13 Octobre 1917. Art. unique modifiant l'art. 6 de l'A. M. C. 1er Mai 1880).

Si le propriétaire est inconnu, conduire les animaux au commissariat pour être mis en fourrière.

6° Cartes d'Identité des animaux. Marques

Les bœufs, buffles, vaches et veaux doivent être marqués au fer rouge sur la cuisse d'un numéro de contrôle placé au-dessous du numéro de la province (A. 29 Novembre 1887). Les propriétaires reçoivent une carte d'identité qui leur tient lieu de titre de propriété. Toute mutation doit être déclarée à la mairie. — Si l'animal change de province ou de ville, le propriétaire reçoit une nouvelle carte et les marques de l'animal sont modifiées (art. 5).

Signaler les contraventions. Saisir les animaux qui doivent être mis en fourrière.

7° Mauvais traitements abusifs aux animaux domestiques

Loi du 2 Juillet 1850 — A. G. G. 29 Avril 1908, art. 1er.

Contravention.

Le procès-verbal sera dressé au propriétaire ou au conducteur qui aura maltraité les animaux qui lui étaient confiés.

8° Dommages causés par les animaux domestiques

Contravention. (479, § 2, C. P.).

Echanger les adresses et remettre aux intéressés l'identité des témoins.

ANNONCES CONTRAIRES AUX BONNES MŒURS

Délit. Loi du 29 Juillet 1881 — Loi du 19 Mars 1889.

Arrêter les délinquants sur la voie publique. Saisir les imprimés, gravures, etc., constituant le délit.

ARBRES

Il est défendu d'abattre des arbres appartenant à autrui, de les mutiler, couper ou écorcer, de manière à les faire périr. (445 à 446, C. P.).

Arrêter les délinquants.

Il est défendu de monter sur les arbres de la voie publique, d'en casser, effeuiller ou arracher les branches. (A. M. C. 1er Mai 1880 — Art. 17).

Contraventions.

ARMES

Il est défendu de fabriquer, débiter, distribuer, détenir ou porter, sans autorisation, des poignards, couteaux en forme de poignard, baïonnettes, fusils de poche ou autres, de guerre ou de chasse, sabres, épées, stylets, tromblons ou quelque espèce que ce soit d'armes prohibées par les lois ou règlements. (Délit. 314, C. P.).

Pendant le jour, saisir l'arme, et conduire le délinquant au commissariat; pendant la nuit, saisir l'arme mais n'en

arrêter le porteur que si son identité n'est pas suffisamment établie.

Le commerce des armes et munitions est exclusivement réservé aux européens qui sont tenus d'en faire la déclaration, il est formellement interdit aux négociants asiatiques. (Décret du 21 Avril 1918, art. 2).

Signaler les contrevenants.

Il est interdit à tout indigène ou asiatique étranger résidant ou de passage dans la colonie, de posséder ou de porter sur lui des armes à feu, s'il n'est pourvu d'un permis délivré par le Gouverneur. (Décret du 21 Avril 1918, art. 16).—Il est interdit à quiconque de prêter l'arme qu'il était autorisé à posséder (art. 26, § 2).

Saisir les armes et arrêter les délinquants sur la voie publique.

L'exercice de la chasse et du tir avec des armes à feu est défendu dans la 1re Zône de la ville (A. M. C. 1er Mai 1880 — Art. 31).

Contravention

ARRESTATIONS

L'arrestation est l'action de se saisir d'une personne par autorité de justice ou de police.

Aucune personne ne peut être arrêtée qu'en vertu d'un mandat d'amener, sauf en cas de flagrant délit. (106, C. I. C.). Dans ce cas, ce pouvoir est donné à tout agent de la force publique et même à toute personne présente.

Tout individu surpris en flagrant délit de crime ou de délit doit être arrêté. L'agent de police l'invite à le suivre au commissariat et, s'il y a refus, il l'appréhende et le contraint.

Il agit de même lorsqu'il est requis par une personne qui en inculpe une autre de crime ou de délit. Il doit, tout en se faisant accompagner par le plaignant et les témoins, conduire l'inculpé au commissariat.

Les arrestations doivent toujours être faites, autant que possible, avec mesure, douceur et fermeté ; on ne peut ni frapper ni injurier les inculpés, mais on doit s'assurer d'eux par tous les moyens autorisés par la loi.

Le chef de poste se rend responsable de l'arrestation opérée par un agent en faisant mettre au violon une personne

arrêtée sans motif, car s'il arrive qu'un agent ne connaisse pas son service, il n'est pas admissible que le chef de poste ignore le sien.

La détention dans un poste de celui qui trouble l'ordre sur la voie publique, n'a pas le caractère de peine. (Cass. 4 Novembre 1824).

ARRESTATIONS ILLÉGALES

La loi punit ceux qui ont arrêté illégalement une personne quelconque. (Délit. 341 à 344, C. P.).

Il est interdit de vendre, céder, mettre en gage ou en location, à titre onéreux ou gratuit, une tierce personne. (344, C. P.).

Arrêter ou signaler les coupables.

Les agents encourent les peines édictées par les art. 114 et 117 lorsqu'ils font une arrestation arbitraire ou illégale.

ARROSAGE

L'arrosage public étant confié à une entreprise, signaler les défectuosités dans l'exécution de ce service. (Cahier des charges).

ARTIFICES

Il est interdit de tirer des pétards et artifices sans une autorisation du maire et en dehors des heures prescrites (471, § 2, C. P. et O. C. A. C. 20 décembre 1861).

Contravention

ASIATIQUES. (V. ACQUIT D'IMPOT)

Tous les asiatiques étrangers et assimilés sont astreints à l'impôt personnel, à partir de 18 ans. (A. L. G. 12 Janvier 1907, art. 1er).

En sont exempts : les femmes et les filles ; les infirmes et les vieillards au-dessus de 60 ans, incapables de subvenir à leurs besoins ; les chefs de congrégation (art. 5).

Tous les asiatiques étrangers, (chinois, indiens, malais, javanais, arabes, etc.), sauf les japonais et les siamois, doivent être porteurs d'un bulletin individuel valable pour toute la durée de leur séjour dans la colonie et d'un laisser-passer ou d'un permis de séjour de l'année courante à compter du 30 avril. (A. G. G. 18 Octobre 1906, modifié et complété par A. G. G. 23 Janvier 1912).

Pour les asiatiques des 3 premières catégories, le permis de séjour est remplacé par une carte d'identité portant la photographie du titulaire. Cette carte doit porter, à compter du 30 Avril, le timbre mobile de l'année en cours, délivré par le service de l'Immigration.

Les femmes et les filles doivent avoir un laissez-passer nominatif, gratuit, non renouvelable.

Les jeunes garçons doivent avoir un laissez-passer nominatif, gratuit, renouvelable jusqu'à l'âge de 18 ans, où il est remplacé par un permis de séjour.

Les vieillards de plus de 60 ans, les infirmes et les chefs de congrégation doivent être porteurs du bulletin individuel et du permis de séjour ou d'un laissez-passer gratuit.

Des laissez-passer valables 30 jours, sont délivrés aux asiatiques à leur arrivée à la colonie.

Des laissez-passer, renouvelables (le permis de séjour étant retiré) sont délivrés aux asiatiques voyageant dans les divers pays de l'Union.

Arrêter tout individu non muni, selon sa situation, du bulletin individuel et du laissez-passer ou du permis de séjour, ou de la carte d'identité, ainsi que celui trouvé porteur d'un laissez-passer périmé.

Agir de même pour ceux trouvés porteurs, de papiers d'identité ne leur appartenant pas (Délit. 154. C. P.)

ASILE

Il est interdit de donner asile à des mineurs (A. C. A. G. 15 Mai 1870) ; à des personnes dépourvues de papiers. (A. C. A. G. 10 Mai 1864) ; à des vagabonds ou gens sans aveu. (A. G. G. 24 Février 1903 — Art. 4).

Contravention.

ASSASSINAT

C'est le meurtre commis avec préméditation ou guet-apens. (Crime, 296 à 303, C. P.).

Le coupable présumé doit être arrêté immédiatement. Interdire toute sortie de la maison, relever l'identité des témoins et empêcher que rien ne soit dérangé avant l'arrivée du commissaire de police qu'on a fait prévenir.

Quand l'assassin ne peut être arrêté, l'agent recueille tous les renseignements qui peuvent le mettre, sur la trace du coupable.

ASSOCIATIONS

Nulle association de plus de 20 personnes

ne peut se former sans autorisation. (Délit. 291 C. P.).

Signaler les associations clandestines.

La loi du 18 Décembre 1893 punit les associations de malfaiteurs.

Les signaler d'urgence au Commissaire de police.

ATTAQUE NOCTURNE

Délit, 329. C. P.

Arrêter les coupables.

ATTENTAT A LA PUDEUR ET VIOL

L'attentat à la pudeur s'entend de tout acte extérieur contraire aux mœurs exercé avec ou sans violence, sur un enfant de l'un ou l'autre sexe, âgé de moins de 13 ans, avec l'intention d'offenser sa pudeur. (331 à 333, C. P.).

Arrêter ou signaler les coupables quand le délit est caractérisé.

ATTENTAT AUX MŒURS

Attentat aux mœ rs en excitant, favorisant ou facilitant habituellement la débauche ou la corruption de la jeunesse de l'un ou l'autre sexe au-dessus de 21 ans. (334, C. P.)

Arrêter ou signaler les coupables quand le délit est caractérisé.

ATTENTAT A LA LIBERTÉ

Personne ne peut être arrêté que dans les cas prévus par la loi et dans les formes qu'elle a prescrites. Le Code pénal punit les actes attentatoires à la liberté individuelle. Il y a acte arbitraire si l'arrestation a été ordonnée ou faite abusivement. (Crime 114 à 122. C. P.).

V. ABUS D'AUTORITÉ — ARRESTATIONS ILLÉGALES.

ATTROUPEMENTS

Tout attroupement armé sur la voie publique est interdit.

Est également interdit tout attroupement non armé qui pourrait troubler la tranquillité publique. (Loi du 7 Juin 1848).

Toutes les fois qu'une émeute se produit sur la voie publique, les agents en aviseront immédiatement le commissaire de police qui seul a qualité, concurremment avec le maire, pour dissiper l'attroupement.

Quand des arrestations sont opérées, les agents doivent mentionner dans leur rapport les objets trouvés sur chaque inculpé, et faire connaître après quelle sommation il a été arrêté.

Attroupements par voies de fait ou menaces ayant pour but d'empêcher un ou plusieurs citoyens d'exercer leurs droits civiques. (Délit. 109-110. C. P. et Loi du 2 Février 1852, art. 41).

Arrêter les coupables.

Rixes attroupements injurieux ou nocturnes, voies de fait, violences légères, n'ayant ni blessé ni frappé personne, par des gens non considérés comme étant sans aveu ni mal intentionnés. (Loi du 3 Brumaire, An IV, art. 605, § 8).

Contravention.

AUTOMOBILES

Circulation en Indochine. (A. G. G. 29 Septembre 1913).

Chaque voiture portera deux plaques, l'une portant le nom du constructeur et l'indication du type; l'autre, le nom et le domicile du propriétaire (art. 8). — Si la vitesse est supérieure à 30 Km, l'automobile portera 2 plaques d'identité, une à l'avant avec chiffres minima de 75 m/m, une à l'arrière avec chiffres de 100 m/m (art. 9). — La plaque arrière sera éclairée la nuit de façon à permettre de lire le N° à la même distance que le jour (art. 10). —Tout propriétaire devra, au préalable, faire une déclaration dont il lui sera donné récépissé (art. 11). — Tout changement de propriétaire fera l'objet d'une nouvelle déclaration (art. 13).—Seuls, les véhicules à vendre ou à soumettre aux essais pourront remplacer le N° par un signe conventionnel. Cette faculté ne s'applique pas aux automobiles dont les marchands font usage ou qu'ils mettent en location (art. 15).

Nul ne peut conduire une automobile s'il n'est porteur du certificat de capacité (art. 16).—Le conducteur devra présenter à toute réquisition des agents son certificat de capacité et le rècépissé de déclaration (art. 23.— Il devra rester constamment maître de sa vitesse qui sera ramenée à celle d'un homme au pas dans les passages étroits, encombrés ou dangereux. Vitesse maxima : 15 km. à l'heure (art. 25).—L'approche du véhicule sera signalée à l'aide d'une trompe, kloxon, auto-voix. La sirène est interdite dans les agglomérations. Toute automobile sera, la nuit, munie à l'avant de deux feux au minimum dont un au moins de chaque côté (art. 26). — Le conducteur ne devra jamais quitter son véhicule sans avoir pris toutes précautions utiles pour prévenir un accident, toute mise en route intempestive et pour supprimer tout bruit du moteur (art. 27).— La circulation et le stationnement sont soumis aux règlements des véhicules ordinaires (art. 29).

Les voitures automobiles circulant en Cochinchine devront être munies de dispositifs commandés du poste du conducteur, sans arrêt, et permettant d'atténuer l'intensité lumineuse des phares (A. G. 17 Février 1919. — Art. 1er).

Pour tous les croisements de voitures, dans les passages encombrés, dans les endroits populeux, dans les rues des villes, l'intensité lumineuse des phares devra être atténuée (Art. 2 même arrêté).

Les voitures automobiles devront être pourvues de plaque de propriétaire (A. G. 29 Septembre 1913. — Art. 8) et de plaques d'identité conformes, l'une à l'avant et l'autre à l'arrière si elles peuvent marcher en palier à une vitesse supérieure à 30 kilomètres à l'heure (Art. 9 du même arrêté) ; ces plaques seront placées en évidence et celle placée à l'arrière sera éclairée la nuit avec une intensité qui permettre de lire le numéro d'ordre (Art. 10).

TARIF DES VOITURES A MOTEUR DE PLACE

LA COURSE					L'HEURE		AU Km
DANS CHOLON		Saigon-Cholon et vice-versa		Pour chaque 15' en plus	Première heure	Heures suivantes	Par Km
Sans arrêt	Avec arrêt de 15'	Aller sans arrêt	Aller et retour (arrêt de 15')				
1$ 00	1 $ 50	2 $ 00	3 $ 00	0 $ 20	4 $ 00	3 $ 00	0 $ 40

STATION DES VOITURES A MOTEUR

Avenue Jaccaréo { (A quinze mètres au Sud de la rue des Marins et contre le trottoir Ouest,

AUVENTS

Il est interdit d'en construire sans autorisation. (A. M. C. 15 Septembre 1914 — Art. 31).

Contravention.

AVORTEMENT

Crime, 317, C. P.

Signaler les coupables.

BAIGNADE

Il est défendu de se baigner nu dans les arroyos de la ville (A. M. C. 11 Septembre 1874 — Art. 1er).

Contravention.

BALAYAGE (Défaut de :)

(A. M. C. 1er Mai 1880. — Art. 2).

Les ordures ménagères de toutes espèces seront deposées chaque matin entre 5 et 6 heures par les habitants devant la porte de leurs logements, dans des boîtes solides, facilement manœuvrables et suffisamment étanches (A. M. C. 30 Novembre 1917. — Art. 3).

Défaut de balayage par les propriétaires

ou locataires devant leurs maisons, le matin avant 7 h.

BANQUEROUTE

Crime ou délit selon le cas. (402 à 404. C. P., 585, 586, 591. C. Cce).

Signaler les banqueroutiers au Commissaire de police mais ne les arrêter que sur l'ordre de ce fonctionnaire.

BARQUES ET SAMPANS

(Voir A. G. G. du 27 Novembre 1912).

BARRICADES

Interdites sur la voie publique si elles ont pour objet d'entraver ou d'arrêter l'exercice de la force publique. (Délit. Loi du 24 Mai 1834, art. 9).

Arrêter immédiatement les coupables.

BATIMENTS

Menaçant ruine et offrant du danger pour la sécurité publique. (471, § 5. C. P.).

Si ces bâtiments ont occasionné la mort ou des blessures à des personnes (délit 319-320. C. P. ; s'ils ont occasionné la mort ou des blessures à des animaux (Contravention 471, § 4, C. P.).

Signaler les bâtiments en mauvais état.

BATTAGE DE TAPIS OU AUTRES OBJETS

Il est interdit de battre ou secouer par les fenêtres ou sur la voie publique des tapis ou autres objets pouvant salir ou incommoder les passants. (471, § 6, C. P.).

Contravention.

BESTIAUX, (V. Animaux)

BIBERONS A TUBE

La vente, mise en vente et exposition, sont interdites. (Délit. Loi du 6 Avril 1910).

Signaler les infractions.

BIGAMIE

Crime. 340 C. P.

Signaler le coupable.

BIJOUTIERS

L'exercice de cette profession par des indigènes et asiatiques est interdit sans autorisation. (Décret du 9 Octobre 1912, art. 3).

Signaler les contrevenants.

Ceux parcourant la ville en quête d'acheteurs sans permis spécial délivré par le commissaire de police, ou porteurs d'un permis non renouvelé avant le 1er Février (art. 10).

Contravention.

BILLETS DE BANQUE ET EFFETS PUBLICS

Contrefaçon. (Crime, 139. C. P.)

Signaler les individus soupçonnés de fabriquer des billets de banque ou effets semblables émis par le Trésor.

Arrêter toute personne mettant en circulation des billets de banque argués de faux et saisir ces papiers.

Imitation. (Loi du 11 Juillet 1885).

Arrêter toute personne vendant ou colportant des imprimés ou formules imitant des billets de banque. Saisir ces papiers.

BLESSURES ET COUPS

Crime ou délit selon le cas. (309 à 318. C. P.).

Arrêter le coupable. Faire transporter le blessé au poste ou dans une phar-

macie. Si les blessures sont graves, faire prévenir immédiatement le commissaire de police.

Blessures par imprudence. (V. ACCIDENTS)

BORNES FONTAINES

1° — Il est interdit de prendre de l'eau aux bornes-fontaines autrement qu'au moyen de seaux, touques ou autres récipients analogues.

2° — D'adapter aux bouches des bornes fontaines des tuyaux, des tubes de bambou, etc....

3° — De bloquer le système de fermeture.

4° — De procéder auprès des bornes fontaines à des lavages quelconques ou de s'y laver soi-même. (A. M.C. 27 Novembre 1911 — Art. 1er).

BOUAGES

(Voir cahier des charges des Bouages et A. M. C. 30 Novembre 1917). Il est absolument interdit de jeter quoique ce soit dans les arroyos. (A. M. C. 1er Mai 1880, art. 4).

Signaler les contraventions aux arrêtés et les infractions au cahier des charges.

BOUCHERS ET CHARCUTIERS

Quiconque voudra exercer la profession de boucher devra, au préalable, en faire la déclaration à la mairie. (A. M. S. 22 Septembre 1900, art. 1er). L'étal ou boutique seront tenus dans le plus grand état de propreté. Les portes en seront ouvertes à la réquisition des officiers publics et du vétérinaire inspecteur (art. 3). Toute boucherie sera aérée transversalement et fermée à l'aide de barreaudages (art. 4). Toute viande mise en vente devra porter l'estampille de l'abattoir de la ville (art. 6). L'introduction des viandes foraines est interdite sans autorisation préalable dont il sera donné récépissé valable pour un an et qui sera présenté à toute réquisition (art. 7). Les voitures servant au transport des viandes seront numérotées ; elles seront closes, nettoyées e· désinfectées après chaque voyage (art. 11). Les tables à balances seront à 1 m 20 du sol, dans un endroit éclairé. Les balances seront toujours en état de propreté. Il est défendu de laisser sur les plateaux des os, graisses, papiers ou toute autre substance (art. 12). Tous les ustensiles seront grattés, nettoyés et lavés à pleine eau tous les jours (art. 13). Les tueries particulières sont interdites. Les particuliers autorisés à tuer pour leur usage particulier ne pourront mettre la viande en vente (art. 14). Le colportage de la viande est interdit (art. 15). Toute viande colportée sera saisie et confisquée au profit d'un établissement de bienfaisance si elle est reconnue de bonne qualité. En cas contraire elle sera enfouie (art. 16). La vente sur un marché ne pourra commencer qu'après l'heure de l'ouverture du marché (art. 17). Les restaurateurs et fournisseurs d'établissements publics ayant acheté des viandes ne portant pas l'estampille de l'abattoir de la ville, seront passibles des mêmes peines que les vendeurs (art. 18).

Contravention.

BOUGIES DE CULTES

Aucune fabrique ne peut être établie sans autorisation du maire et à moins de 10 m. des constructions voisines. (A. L. G. 17 Novembre 1901, art. 1 et 5).

Signaler les contrevenants.

BRANCARDS

Des brancards de secours sont déposés dans tous les postes de police. Les chefs de poste ne doivent, sous aucun prétexte, laisser prendre un brancard sans le faire accompagner par un agent.

BRIS

DE CARREAUX, VITRES OU GLACES

Signaler si le bris a été volontaire ou accidentel.

Dans le 1er cas: Contravention. (479, § 1. C. P.).

Dans le second : Réparations civiles.

DE CLOTURES, (Délit 456, C. P.).

Arrêter les coupables.

Si le bris n'est qu'accidentel, échanger les adresses et signaler le fait.

DE SCELLÉS. (Délit, 249 à 253 et 256, C. P.)

Arrêter le coupable lorsqu'il y a réquisition sur la voie publique ; le signaler dans tous les autres cas.

BROCANTEURS

L'exercice de cette profession est interdit sans autorisation. (Décret du 16 Mars 1909, art. 2). — Les commissaires de police seuls peuvent se faire présenter les registres en toute occasion (art. 6). — Il est interdit aux brocanteurs : d'acheter des bijoux ou matières d'or ou d'argent aux personnes en condition sans attestation écrite de leur patron (art. 8) ; — aux mineurs (art. 9) ; — d'acheter aux soldats et marins des armes, effets d'habillement et d'équipement (art. 10, § 1er), — d'acheter et vendre des armes prohibées. (§ 2). — Ils ne peuvent exercer leur commerce que dans leurs magasins et sur les marchés ; s'ils désirent parcourir les rues, ils doivent être porteurs d'un permis de circulation délivré par le commissaire de police. Le permis valable un an, doit être renouvelé avant le 1er Février (art. 11).

Signaler ou déclarer les contraventions.

BRUITS, TAPAGES

Sont interdits: tous chants, cris, charivaris, scènes de violences ou d'injures, rixes, etc. troublant la tranquillité publique, soit de jour, soit de nuit. (Contravention, 479, § 8, C. P.).

Conduire les auteurs ou complices au commissariat de police.

CADAVRES

Tout cadavre trouvé sur la voie publique ou dans tout autre endroit doit être signalé de suite au commissaire de police.

Empêcher le déplacement du corps, l'approche des curieux et le détournement d'aucun papier ou objet.

CADEAUX

Il est interdit d'accepter des cadeaux offerts par les indigènes. (Don. C. A. G. 7 Septembre 1864).

CAFÉ — CABARETS — DÉBITS DE BOISSONS

Ouverture interdite sans autorisation. (Décret du 29 Janvier 1919, art. 1er). — Toute mutation dans la personne du propriétaire ou du gérant devra être autorisée dans les 15 jours qui suivent (art. 3). — Toute translation d'un lieu à un autre devra être déclarée au moins 8 jours à l'avance (art. 3). — Il est défendu aux marchands ambulants et à poste fixe, de vendre en détail des spiritueux ou boissons alcooliques (art. 8).

Signaler les infractions.

Il est interdit d'employer dans les débits de boissons à consommer sur place, des femmes de moins de 18 ans exception de celles appartenant à la famille. (Loi du 1er Octobre 1917, art. 9). — Il est interdit d'employer ou recevoir habituellement des femmes de débauche ou des individus de mœurs spéciales pour se livrer à la prostitution dans leurs établissements ou dans les locaux y attenant (art. 10).

Signaler les infractions.

Défaut d'affichage de la loi sur l'ivresse dans la principale salle de l'établissement. (Loi du 1er Octobre 1917, art. 16). — Lacération ou destruction du texte affiché (art. 16).

Contravention.

Les autorisations d'ouverture des restaurants et débits au delà de minuit donneront lieu à la perception des taxes (A. M. C. 30 Juiliet 1921. — Art. 1er); Les établissements dans lesquels il sera fait de la musique ou donné une attraction quelconque paieront en plus certaines redevances (Art. 4 du même arrêté).

Signaler ou déclarer les contraventions.

Signaler si l'établissement reçoit des consommateurs après l'heure de la fermeture.

Les débitants d'alcool de riz ne sont pas soumis aux obligations qui précèdent. Ils doivent seulement être pourvus d'une licence de la régie.

Les agents de police peuvent pénétrer à toute heure de jour et de nuit dans les cafés, cabarets et débits de boissons sans craindre les infractions prévues par les art. 184. C. P. (Abus d'autorité) et 1037. C. P. C., soit pour arrêter un malfaiteur qu'ils poursuivent et qui s'y réfugie soit pour constater les contraventions à la loi du 1er Octobre 1917 et du décret du 29 Janvier 1919, lorsque ces établissements sont librement ouverts au public, lorsque tout venant peut entrer ou sortir à son gré.

Si le chef de l'établissement ou son représentant s'oppose à l'entrée des agents, ceux-ci doivent se retirer immédiatement sans insistance pour ne pas commettre l'infraction prévue à l'art. 184. C. P.

Ils doivent dans ce cas, s'il s'agit d'une infraction, en informer le commissaire de police dans un rapport circonstancié ; s'il s'agit d'un malfaiteur, garder les issues de l'immeuble en attendant l'arrivée du commissaire de police qu'ils auront fait prévenir.

Après l'heure de fermeture, si les établissements ne sont pas librement ouverts au public, les agents ne peuvent s'y introduire qu'avec le consentement du chef de ces établissements ou de leurs rep ésentants pour constater les infractions. En cas de refus, ils doivent informer le commissaire de police du bruit qu'ils perçoivent du dehors, signalant la présence de consommateurs dans le débit. — Il ne faut jamais se dissimuler pour guetter la sortie des consommateurs.

CAISSES ET POTS A FLEURS

ET AUTRES OBJETS DONT LA CHUTE PEUT OCCASIONNER DES ACCIDENTS

Il est interdit de déposer sur les toits, entablements, chéneaux, gouttières, terrasses, murs et autres parties des maisons bordant la voie publique, des caisses et pots à fleurs, vases ou autres objets quelconques.

Ces dépôts peuvent avoir lieu sur les balcons et appuis des croisées garnies de balustrades en fer ou de barres transversales en fer, avec grillage en fil de fer, sous la condition que les caisses, pots, etc., ne puissent passer par les vides des balustrades.

L'arrosement des fleurs doit être fait de manière qu'il n'y ait aucun écoulement d'eau sur la voie publique. (471, § 6, C. P.).

Enjoindre aux contrevenants de les retirer.

Dresser contravention s'il n'en est pas tenu compte.

CASINOS

(V. INSTRUMENTS BRUYANTS)

CATASTROPHES

Dès qu'un agent apprend qu'une catastrophe vient de se produire, il doit prévenir immédiatement le commissaire de police.

CERFS-VOLANTS

Le lancement des cerfs-volants est interdit sur toute l'étendue des voies publiques où il existe des canalisations électriques aériennes. (A. M. C. 22 Mars 1909 — Art. 1er.)

Contravention.

CÉRÉMONIES DIVERSES

Elles sont interdites sans autorisation du maire (A. M. C. 30 Juillet 1921).

Contravention.

S'assurer qu'elles ne dépassent pas les heures fixées et qu'on ne s'y livre à aucune démonstration non prévue par l'autorisation.

CHASSE

Interdite en Cochinchine du 1er Février au 1er Juin. (A. G. G. 23 Janvier 1914).

Saisir le gibier colporté sur la voie publique pendant la période interdite. Conduire le contrevenant au commissariat.

Signaler les marchands de gibier contrevenants.

CHEFS DE POSTE

Le chef de poste est tenu de déférer à toutes les réquisitions des autorités qui ont le droit de la requérir et doit assistance à tout citoyen qui réclame son intervention. Lorsqu'une personne est arrêtée et amenée au poste, il la fait conduire avec le plaignant au commissaire de police, à moins qu'elle ne soit en état d'ivresse ou qu'elle ne cause du scandale ; dans ce cas, il fait prévenir le commissaire de police. En l'absence du commissaire de police ou de son secrétaire, il se fait rendre compte des causes de l'arrestation et entend les observations de la personne arrêtée ; il n'admet l'arrestation que s'il en trouve les motifs valables, il en prend alors la responsabilité.

Avant de mettre au violon les individus arrêtés, le chef de poste exige soit un ordre de consigne (il n'a pas à contrôler les ordres de consigne émanés d'un commissariat), soit une réquisition ou un mandat délivré par un officier de police judiciaire. Il fait fouiller les inculpés afin de leur ôter les objets pouvant aider les recherches de la justice et les instruments dont ils pourraient se servir pour se suicider ou tenter de s'évader. Il veille à ce qu'ils ne communiquent avec personne verbalement ou par écrit avant d'avoir été interrogés par le commissaire. Il doit garder constamment les clefs des violons car il est responsable de toute évasion. Lorsque des personnes arrêtées commettent des dégradations dans le poste, il en informe le commissaire de police. Enfin, en cas d'affaire urgente, il fait prévenir ce magistrat.

Il commande le service des agents de son poste et les surveille en tout ce qui concerne la conduite, la tenue, la discipline et l'execution des règlements. Il est permanent et loge dans le poste.

Lorsqu'il a besoin de s'absenter momentanément, il en prévient le commissaire qui désigne un autre gradé ou agent pour le remplacer. Si l'absence doit durer plusieurs jours, un autre chef de poste est désigné par la voie de l'ordre.

CHEMINS DE FER

Les agents n'ont pas qualité pour constater les contraventions à la police des chemins de fer. Ils doivent obtempérer sur le champs aux réquisitions qui leur seraient faites par les agents des chemins de fer. (A. G. G., 18 Février 1904, art. 57, § 2).

CHEMINS PUBLICS

Il est interdit de les embarrasser, détériorer ou dégrader ainsi que d'usurper sur leur largeur ou d'y enlever du gazon, de la terre ou des pierres. (Contravention, 479, §§ 11 et 12, C. P.).

Conduire les contrevenants au commissariat.

CHÉNEAUX ET GOUTTIÈRES

Des chéneaux et gouttières étanches, de dimensions appropriées, recevront les eaux pluviales à la partie basse des couvertures, de façon à les diriger rapidement, sans stagnation, vers les orifices des tuyaux de descente. (A. M. C. 15 Juin 1907. — Art. 25).

Contravention.

Signaler les maisons qui en seraient dépourvues ou dont ceux existants seraient en mauvais état.

CHEVAUX ET BÊTES DE TRAIT

Il est expressément défendu de faire passer sur les trottoirs en briques les chevaux ou les voitures (A. M. C. 1er Mai 1880 — Art. 23). Il est défendu d'exercer les chevaux dans les rues de la ville et de les faire passer dans les parties de promenades réservées aux piétons (même arrêté, Art. 24). De les abandonner sur la voie publique (475, § 3, C. P.). — De les conduire avec une trop grande rapidité (galop). (475, § 4, C. P.).

Contravention.

CHIENS

Tout chien trouvé errant sur la voie publique, muni ou non d'un collier, sera mis en fourrière. (A. G. G. 27 Février 1908. Art. 2). —Tout propriétaire ayant laissé divaguer son chien sur la voie publique. (Art. 3).

Contravention.

Tout propriétaire excitant ou ne retenant pas son chien poursuivant ou attaquant les passants (475, § 7, C. P.)

Contravention.

Les chiens trouvés sans collier sur la voie publique et les chiens errants même munis de collier, seront saisis et mis en fourrière (A. G. G. 27 Février 1908 — Art. 2).

Les chiens dépourvus de collier qui vaguent sur la voie publique, à quelques pas de la porte de leurs maîtres ne sont pas des chiens errants. (Décret du 22 Juin 1882. art. 52). Dans ce cas, les agents doivent se borner à dresser contravention aux propriétaires de ces animaux.

Le fait de tuer sans nécessité un chien dans la propriété de son maître constitue un délit (454-455, C. P.)

Lorsqu'un chien a mordu une personne, il est recommandé de le mettre à la disposition du commissaire de police et de faire comparaître le maître de l'animal ainsi que le blessé.

L'agent chargé de la capture des chiens doit veiller à ce que ses coolies ne s'introduisent pas dans les maisons d'habitation, cours, jardins, etc. des particuliers pour capturer des chiens et

qu'ils ne prennent que ceux errant sur la voie publique. Il doit veiller à ce que les animaux capturés ne soient pas l'objet de mauvais traitements inutiles.

Lorsque le propriétaire intervient au moment de la capture, l'animal doit lui être rendu s'il le réclame à moins qu'il n'y ait impossibilité matérielle et danger de laisser échapper les animaux capturés; dans ce cas, il est invité à aller le réclamer à la fourrière.

CHINOIS

(V. ASIATIQUES).

CLAMEUR PUBLIQUE

(V. FLAGRANT DÉLIT).

CLEFS

La contrefaçon, l'altération ou la fabrication de fausses clefs sont punis par la loi. (Délit, 398-399. C. P.).

Signaler ceux réputés fabriquer des fausses clefs.

CLOTURES

La destruction ou dégradation de clôtures appartenant à autrui constitue un délit. (456. C. P.).

Arrêter les coupables.

COALITIONS-GRÈVES

La coalition des patrons et ouvriers est libre. Il y a délit lorsqu'elle a été amenée à l'aide de violences, voies de fait. menaces ou manœuvres frauduleuses. (414 à 416. C. P.).

Dès qu'une grève a lieu, les agents doivent en informer le commissaire de police et agir d'après ses instructions.

COCHERS

Ils doivent être âgés de 18 ans au moins (A. L. G. 24 Novembre 1904, art. 1er) — et être munis d'un permis de conduire (art. 2) — qui devra être présenté à toute réquisition des agents (art. 3),

Contravention

COLPORTAGE

Colportage de billets de loteries non autorisées. (Loi du 21 Mai 1834, art. 34); — De fausses nouvelles dans les périodes électorales. (Décret du 2 Février 1852, art. 40) ; — De gravures ou images obscènes ou contraires aux bonnes mœurs. (Loi du 2 Août 1882, art. 1er) ; — De tabacs de contrebande. (Décret du 3 Août 1912, art. 23) ; — D'allumettes de contrebande. (A. G. G. 9 Février 1899, art. 29 ; D'absinthe et produits similaires. (Loi du 16 Mars 1915, art. 1er). Délits.

Saisir le corps du délit. Arrêter les coupables.

Colportage par les indigènes d'armes et munitions sans permis. (Décret du 21 Avril 1918) ; —De viandes ne portant pas l'estampille de l'abattoir. (A. M. C. 26 Mai 1906. — Art. 50).

Contravention,

Saisir les corps du délit. Conduire les contrevenants au commissariat.

COMESTIBLES. (V. Aliments).

COMMERÇANTS. (V. Marchands).

COMMISSIONNAIRES (V. Portefaix).

CONCERTS (V. Cafés).

CONSTRUCTIONS ET RÉPARATIONS (V. Voirie).

Les propriétaires désirant édifier une construction quelconque ou effectuer de grosses réparations sur le territoire de la ville devront en faire la déclaration au Président de la Commission Municipale (A. M. C. 15 Septembre 1914. — Art. 35 §, 3).

Les maisons doivent être tenues, tant à l'intérieur qu'à l'extérieur, dans un état constant de propreté. (A. L. G. 20 Janvier 1906. — Art. 10). — Elles doivent être pourvues pour l'écoulement et la conduite des eaux ménagères, de tuyaux et cuvettes qui devront être en bon état, propres et nettoyés de façon à ne jamais donner d'odeurs. — Les cours doivent être nivelées et empierrées en contrehaut du niveau de la rue (Art. 12 même arrêté). — Les chéneaux et gouttières, cuvettes d'eaux ménagères les tuyaux de toutes natures, les cabinets à usage commun, les gargouilles, caniveaux, ruisseaux, les sols des dépendances communes, telles que cours, courettes, couloirs, les caveaux de tinettes mobiles etc..., seront tenus constamment en bon état d'entretien et de propreté (A. M. C. 15 Juin 1907. — Art. 42). — Chaque maison devra être pourvue de cabinets d'aisances en maçonnerie, l'ouverture des tinettes ne devra jamais donner directement sur la rue (A. M. C. 22 Octobre 1904. — Art. 4 et 5). — Le sol des écuries devra être au moins cimenté dans la partie recevant les urines ; les écuries devront être tenues avec la plus grande propreté (A.M.C 16 Février 1903. — Art. 1er). — Tout constructeur devra, avant de se mettre à l'œuvre, demander l'alignement et s'y conformer (A. M. C. 15 Septembre 1914. — Art. 36).

Signaler les contraventions.

CONTRAVENTIONS

On entend par contravention tout acte ou fait matériel, volontaire ou non, qui est contraire aux prescriptions d'un règlement de police.

Les contraventions sont PERMANENTES lorsqu'elles proviennent d'un fait qui ne peut disparaître qu'après vérification ou certaines mesures à prendre. Les agents ne les déclarent pas mais les signalent au commissaire de police par des rapports de renseignements.

Les contraventions sont PASSAGÈRES OU FUGITIVES quand elles peuvent disparaître bientôt et qui cessent généralement par le seul fait de leur constatation. Les agents les constatent et les déclarent directement to - tes les fois que leur auteur est connu ou qu'il justifie de son identité ou de son domicile.

Les agents font des rapports sur les contraventions qu'ils ont remarquées au cours de leur service et les remettent au commissaire de police. Ils doivent tout particulièrement, en matière de contravention, avertir, si possible, toute personne qu'ils voient sur le point de commettre une infraction et ne la constater que lorsque leurs avertissements sont demeurés sans résultat ou que la mauvaise volonté est évidente.

Les contraventions doivent toujours être constatées avec discernement et impartialité. Les agents doivent agir avec tact.

En général, les agents ne peuvent déclarer une contravention que lorsqu'ils l'ont vue commettre ou lorsque le contrevenant leur en fait l'aveu. Dans ces deux cas, ils doivent indiquer les textes en vertu desquels ils opèrent.

Bien que la loi n'impose pas l'obligation de faire connaître à la partie intéressée que l'on relève contre elle une contravention, il est bon de ne pas négliger cette précaution.

Les agents doivent se rappeler qu'il n'y a jamais lieu d'arrêter l'auteur d'une contravention et se contenter de lui demander ses nom, prénoms et domicile.

Toutefois, il arrive dans la pratique qu'on est tenu de s'assurer de sa personne, soit qu'il n'est pas connu ou qu'il ne justifie pas suffisamment de son identité, soit lorsqu'il y a lieu de saisir les objets qui ont servi à commettre l'infraction, alors surtout que le caractère de récidive peut l'entraîner devant le tribunal correctionnel.

Du reste, l'arrestation ou détention administrative d'un contrevenant jusqu'à ce qu'il ait justifié de son identité, n'a rien d'arbitraire ni d'illégal, elle se trouve motivée par les articles 6 et 7 du Titre III de la Loi du 10 Vendémiaire An IV sur la police intérieure des communes de la République, aux termes desquels tout citoyen voyageant dans un lieu où il n'est pas connu, doit être porteur de pièces établissant son identité.

L'auteur d'une infraction punie de peines correctionnelles peut toujours être arrêté.

Les principales constatations à signaler en même temps que la contravention sont : 1° Les propos inconvenants du contrevenant ; 2° Les fausses indications qu'il a fournies ; 3° Les précédents rapports qui l'ont signalée ; 4° Son état d'ivresse ; 5° Lorsqu'il y a dommage causé.

Les pères, mères, maitres ou instituteurs sont civilement responsables des contraventions commises par leurs enfants mineurs, domestiques, apprentis ou élèves.

Les contrevenants peuvent se libérer sur le champ au commissariat de police (A. G. G. 28 Décembre 1907).

CONVOIS, FUNÈBRES ET TROUPES

Il est défendu aux vélocipédistes de couper les cortèges, troupes en marches et groupes d'écoliers (A. M. C. 19 Septembre 1895. — Art. 4) même défense aux pousse-pousse (A. M. C. 23 Mars 1918. — Art. 17).

CORRUPTION

C'est le fait de tout agent ou préposé d'une administration publique qui a agréé des offres ou des promesses, ou reçu des dons ou présents pour faire un acte de sa fonction ou de son emploi, même juste mais non sujet à salaire, ou qui cédant aux mêmes offres ou promesses, s'est abstenu de faire un acte qui entrait dans l'ordre de ses devoirs. (177-178, C. P.).

Ces dispositions sont applicables aux agents de police.

Sont également punissables les personnes qui corrompent ou qui tentent de corrompre ces agents par voies de fait, menaces, promesses, dons ou présents pour obtenir un acte de leur ministère ou l'abstention de tout autre acte. (Crime). Délit lorsque la tentative de corruption n'a eu aucun effet. (179 à 183, C. P.).

Arrêter les coupables.

CRIMES ET DÉLITS

Complicité (59 à 61 C. P.) — Excusables (321 à 326. C. P.) — Commis par des fonctionnaires publics (198, C. P.)—Cas de force majeure (64, C. P.) —Tentative (2 et 3. C. P.).

Arrêter les coupables lorsqu'il y a flagrant délit ou réquisition sur la voie publique, hors le cas de flagrant délit, arrêter le coupable, ou le signaler, ou prévenir le commissaire de police, suivant le cas.

CRIS OU CHANTS SÉDITIEUX

Ce sont des cris qui rappelant ou glorifiant un régime déchu, sont proférés dans les rues, les lieux ou réunions publiques. (Loi du 29 Juillet 1881, art. 24).

Arrêter ou signaler les coupables en agissant avec circonspection.

CULTES

Entraves à l'exercice des cultes. (Délit. 260-263. C. P.).

Les agents ne doivent pénétrer dans les lieux consacrés aux cultes que s'ils en sont requis par qui de droit, à moins de troubles graves ; dans ce cas, tout en faisant prévenir le commissaire de police, ils peuvent pénétrer dans l'intérieur.

Arrêter ou expulser les perturbateurs.

DÉBITS DE BOISSONS (V. CAFÉS).

DÉBAUCHE

(V. EXCITATION DE MINEUR. PROSTITUTION).

DÉCÈS (V. CADAVRE).

Aucune inhumation ne peut être faite sans une autorisation écrite de l'officier civil. (77. C. C.).

DÉCORATIONS ET COSTUMES.

(Port illégal de :)

On ne peut interpeller les personnes pour s'assurer du droit légitime qu'elles peuvent avoir de porter un costume, un uniforme, une décoration ou le ruban d'une décoration ; mais quand dans une opération, l'une de ces circonstances se présente on la relève avec soin. Tout port illégal est un délit. (259. C. P. — 266. C. J. M.).

Arrêter ou signaler les délinquants.

DÉGRADATIONS

Il est interdit de détruire, dégrader et mutiler les monuments, statues et autres objets destinés à l'utilité ou à la décoration publiques et élevés par l'autorité publique ou avec son autorisation. (Délit. 257. C. P.).

Arrêter les coupables.

Les agents doivent en outre préciser le fait matériel commis et, autant que possibles, l'intention du coupable.

Dégradation ou dégâts faits volontairement à des propriétés particulières. (Contravention, 479, §§ 1-11 et 12, C. P.).

Signaler ou déclarer les contraventions.

DÉMÉNAGEMENTS FURTIFS

Les agents de police doivent prêter leur concours aux propriétaires qui le réclament pour s'opposer à un déménagement furtif. Ils s'opposent à la sortie des meubles et conduisent les parties intéressées devant le commissaire de police.

S'il s'agit d'un déménagement furtif opéré la nuit, celui ou ceux qui l'opèrent doivent être déposés au poste de police à la disposition du commissaire.

DENTISTES

Délit. (Loi du 30 Novembre 1892).

Signaler ceux qui exercent cette profession sans diplôme.

DÉPOTS SUR LA VOIE PUBLIQUE

Aucun dépôt, de quelque nature qu'il soit, ne peut avoir lieu sur la voie publique sans autorisation. (A. M. C. 1er Mai 1880. — Art. 11).

Les dépôts autorisés doivent être éclairés la nuit. (C. P. — Art. 471, § 4.).

Signaler ou dresser les contraventions.

DÉSERTEURS ET INSOUMIS

Art. 230-231. C. J. M. — Décret du 7 Octobre 1895.

Rechercher et arrêter les militaires déserteurs ou réfractaires.

DESSINS. — GRAVURES OBSCÈNES

Il est interdit de vendre, offrir, exposer, afficher ou distribuer gratuitement sur la voie publique ou dans les lieux publics des photographies, dessins, gravures, peintures emblèmes ou images obscènes. (Délit. Loi du 2 Août 1882).

Saisir les corps du délit et conduire les délinquants au commissaire de police.

DESTRUCTION

D'actes de l'autorité publique (439. C. P).

Arrêter les coupables quand il y a

réquisition sur la voie publique ; les signaler dans tous les autres cas.

Destruction volontaire d'édifices. (435 à 437. C. P.).

Arrêter ou signaler les criminels.

Destruction volontaire d'objets mobiliers. (479, § 1, C. P.).

Arrêter les contrevenants s'ils ne justifient pas suffisamment de leur identité.

Détérioration volontaire de marchandises, matières, etc. (443, C. P.).

Arrêter ou signaler les délinquants.

DÉTOURNEMENT OU ENLÈVEMENT DE MINEURS

(Crime. 354 à 357, C. P.).

Arrêter ou signaler les coupables.

DEVINS

Il est interdit de faire le métier de deviner, pronostiquer ou expliquer les songes. (Contravention. 479, § 7, C. P.).

(Cet article a été supprimé pour les indigènes, par Décret du 31 Décembre 1912).

Conduire les contrevenants au commissariat; saisir les instruments, ustensiles ou costumes servant ou destinés à l'exercice de ce métier.

DOMESTIQUES ET OUVRIERS

Tout indigène ou assimilé, majeur, de l'un ou l'autre sexe, travaillant comme domestique ou ouvrier des villes et des champs, est astreint au livret d'ouvrier. (A. G. G. 26 Août 1899, applicable en Cochinchine par A. G. G. 5 Février 1902, étendu aux indigènes en service chez les asiatiques en Cochinchine par A. G. G. 30 Septembre 1912).

Contravention.

Les asiatiques étrangers ne sont pas astreints au livret d'ouvrier. (A. G. G. 22 Avril 1904.).

DUEL

Crime ou délit, selon le cas. (295-296-302-309-310, C. P.).

L'agent de police qui apprend qu'un duel doit avoir lieu en informe immédiatement le commissaire de police.

EAUX

(*Voir* BORNES FONTAINES).

ÉCLAIRAGE

Eclairage public.

Signaler les numéros des lampes éteintes, avec l'heure du constat.

Les tranchées et les fouilles pratiquées sur la voie publique devront être préalablement autorisées, entourées de barrières et éclairées pendant la nuit (A. M. C. 1er Mai 1880. — Art. 28).

Signaler ou déclarer les contraventions.

(V. AUTOMOBILES.—BARQUES.—DÉPÔTS. — EXCAVATIONS. — MARCHANDS. — POUSSE-POUSSE. — VÉLOCIPÈDES. — VIDANGES. — VOIRIE. —VOITURES.)

ÉCOLES

Ecoles privées indigènes. (A. G. C. 17 Juillet 1918).

Toute ouverture est interdite sans autorisation (art. 1er. — Tout changement de local est interdit sans autorisation (art. 4). Nul ne peut enseigner s'il n'est porteur d'un certificat de capacité (art. 6).

Ecoles de caractères chinois. (A. G. C. 8 Novembre 1918).

Toute ouverture est interdite sans autorisation (art. 1er). — Tout changement de local est interdit sans autorisation (art. 3). — Nul ne peut enseigner s'il n'est porteur d'un certificat de capacité (art. 5).

Signaler les infractions.

ÉCURIES. (V. CONSTRUCTIONS)

ÉGOUTS

Il est interdit de jeter dans les ouvrages destinés à la réception ou à l'évacuation des eaux pluviales, des eaux ménagères, des matières usées, des objets quelconques capables de les obstruer (A. M. C. 15 Juin 1907. — Art. 38).

Contravention.

ÉLECTIONS

La loi interdit : L'entrée avec armes dans une assemblée électorale. (Décret du 2 Février 1852), les voies de fait, violences ou menaces contre un électeur (art. 39); le trouble aux opérations électorales par attroupements, clameurs ou démonstrations menaçantes (art. 41); l'irruption dans un collège électoral avec violences (art 42 à 44); les outrages et violences contre les membres du bureau (art. 45); l'enlèvement de l'urne du scrutin (art. 46); la violation du scrutin (art. 47)

La police des salles de vote et leurs dépendances appartient au président de la section de vote.

Les agents de service aux abords d'une salle de vote ne doivent, sous aucun prétexte, pénétrer dans l'intérieur sans la réquisition expresse et au besoin par écrit du président de la section de vote.

Signaler les actes dont les agents ont été témoins ou ceux qui leur auraient été dénoncés.

ÉLECTRICITÉ

Rupture de fils, dégradations ou détérioration de quelque manière que ce soit, d'appareils ou machines actionnant les lignes d'énergie électrique d'intérêt public autres que les lignes télégraphiques et téléphoniques. (Délit Décret du 30 Août 1903).

En ce qui concerne les appareils des lignes télégraphiques et téléphoniques. (Décret du 25 Juin 1895).

Arrêter les délinquants.

Les personnes constatant la chute d'un fil électrique ne doivent en aucun cas toucher ce fil avec les mains mais avec un morceau de bois sec et agir avec de grandes précautions.

Prévenir d'urgence l'usine électrique.

EMBARRAS DE LA VOIE PUBLIQUE

En y déposant ou laissant sans nécessité des matériaux ou choses empêchant ou diminuant la liberté ou la sûreté du passage. (471, § 4, C. P.).

Signaler ou déclarer la contravention.

(V. Dépôts — Marchands — Quais — Trottoirs)

EMPOISONNEMENT

Crime. (301. C. P).

Arrêter les coupables lorsqu'il y a réquisition sur la voie publique; les signaler dans les autres cas.

ENCHÈRES

Entraves à la liberté des enchères. (Délit. 412. C. P.).

Opérer comme ci-dessus.

ENFANTS

Défaut de déclaration de naissance dans les 3 jours 55, C. C. — 346, C. P). Dans les 8 jours pour les indigènes. (Décret du 3 Octobre 1883, art. 8).

Signaler les infractions.

Enlèvement, suppression, substitution ou supposition d'enfant. (345. C. P.).

Mauvais traitements envers les enfants. (Délit. 312. C. P.).

Arrêter ou signaler les coupables.

Abandon d'enfant ou d'incapable. (Crime ou délit selon le cas. 349 à 353. C. P.).

Arrêter ou signaler les coupables. Transporter immédiatement l'enfant ou l'incapable au commissariat et faire un rapport détaillé au commissaire de police.

Vente d'enfant. (Délit. 344. C P.).

Conduire au commissariat toute personne qui au ait cédé ou vendu un enfant, ainsi que celle qui l'aurait acheté ou à laquelle il aurait été donné.

Enfant dans les professions ambulantes. Il est interdit de faire exécuter par des enfants âgés de moins de 16 ans (12 ans si c'est par les père et mère) des tours de force périlleux ou des exercices de dislocation. (Délit. Loi du 7 Décembre 1874, art. 1er).

Signaler les infractions.

Enfants égarés.

Conduire au commissariat ceux dont les parents n'ont pu être retrouvés.

ÉPIDÉMIES

Les maladies épidémiques dont la déclaration est obligatoire sont :

1° Fièvre typhoïde et paratyphoïde; 2° Typhus exanthématique ; 3° Variole et Varioloïde ; 4° Scarlatine ; 5° Diphtérie ; 6° Suette militaire ; 7° Choléra et maladies cholériformes ; 8° Dysenterie ; 9° Peste ; 10° Fièvre jaune et fièvre inflammatoire ; 11° Infection puerpérale, lorsque le secret de la grossesse n'a pas été réclamé ; 12° Ophtalmie des nouveaux nés ; 13° Rougeole ; 14° Fièvre de Malte ; 15° Lèpre (V. Lépreux). 16° Fièvre récurrente ; 17° Méningite cérébro-spinale ; 18° Maladie du sommeil ; 19° Piroplasmose aigue ou splénomégalie. (A. Minist. 7 Février 1911).

Signaler tout cas de maladie contagieuse. Exercer à ce sujet une surveillance très active, les indigènes cachant généralement leurs malades, de façon à éviter leur transport à l'hôpital et la désinfection des locaux qu'ils habitent.

ÉPIZOOTIES

Loi du 21 Juillet 1881. — Les maladies contagieuses sont :

1° La peste bovine dans toutes les espèces de ruminants ; 2° La péripneumonie contagieuse, dans l'espèce bovine ; 3° La clavelée et la gale, dans les espèces ovine et caprine ; 4° La fièvre aphteuse, dans les espèces bovine, ovine, caprine et porcine ; 5° La morve, le farcin et la dourine, dans les espèces chevaline et asine ; 6° La rage et le charbon dans toutes les espèces.

Signaler tout cas de maladie contagieuse. En ce qui concerne la rage, tâcher de capturer tout animal en paraissant atteint, ou, si la chose n'est pas possible, l'abattre.

ESCORTE DE PRISONNIERS

Quand ils sont chargés d'une escorte de prisonniers ou de prévenus, les agents ont pour devoirs :

1° De toujours faire marcher devant eux et à leur portée les individus confiés à leur garde et auxquels, à moins d'avis contraire, ils auront passé les menottes ;

2° De ne les laisser communiquer avec personne et de retenir les propos qu'ils n'auraient pu empêcher ;

3° De s'opposer à la remise ou à la réception de tous objets, papiers, vêtements, au besoin de s'en saisir en invitant ceux qui voulaient les remettre au prisonnier ou les recevoir de lui, à se rendre au commissariat ;

4° De redoubler de vigilance et de méfiance dans les haltes, dans les groupes et embarras de la voie publique.

ESCROQUERIE

Délit. (405. C. P.).

Arrêter les déliquants lorsqu'il y a réquisition et que le délit est caractérisé.

ÉTRANGERS

A. G. G. 7 Avril 1904.

Les signaler au commissaire de police.

ÉVASION

(Délit. 237 à 242. C. P.).

Les agents sont responsables des individus arrêtés placés sous leur garde. Ils encourent une peine ou une punition lorsqu'une évasion se produit par suite de leur négligence.

EXCAVATIONS

Signaler sur le champ toute excavation qui se produirait sur la voie publique.

(Voir ECLAIRAGE).

Signaler ou déclarer les contraventions.

EXTORSION DE SIGNATURES, TITRES, ETC.

Délit. (400. C. P.).

Arrêter les coupables quand il y a

réquisition sur la voie publique ; les signaler dans les autres cas.

FAUX EN ÉCRITURES, CERTIFICATS ETC.

Crime ou délit, selon le cas. (145 à 161. C. P.).

Opérer comme ci-dessus.

FILLES PUBLIQUES. (V. PROSTITUTION)

FILOUTERIE D'ALIMENTS OU BOISSONS.

Délit. (401. C. P.).

Il n'y a pas filouterie d'aliments si le propriétaire de l'établissement s'est contenté d'un bon ou si le délinquant est pensionnaire.

N'arrêter que lorsque le délinquant est dans l'impossibilité absolue de payer et se faire accompagner par le plaignant.

FEUX D'ARTIFICES. (V. ARTIFICES)

FLAGRANT DÉLIT

Il y a flagrant délit lorsque le crime ou le délit se commet actuellement, lorsqu'il vient de se commettre, lorsque le prévenu est poursuivi par la clameur publique, lorsque dans un temps voisin du crime ou du délit le prévenu est trouvé nanti d'instruments, armes, effets et papiers faisant présumer qu'il est auteur ou complice. (41, C. I. C.).

Tout individu doit être arrêté dans le cas de flagrant délit de crime ou de délit.

FONTAINES. (V. Bornes fontaines)

FOURRIÈRE

Les animaux, voitures et autres objets saisis ou abandonnés sur la voie publique, à l'exception des valises, paquets et autres petits objets doivent être envoyés à la fourrière. Tout envoi doit être accompagné d'un billet émanant d'un commissariat de police. Le gardien de la fourrière délivre un reçu.

GOUTTIÈRES. (V. Chéneaux — Constructions)

HALLES. (V. Marchés)

HOMICIDE

L'homicide volontaire est qualifié meurtre. (295 à 300. C. P.).

Opérer comme pour crime, assassinat.

L'homicide involontaire est le résultat d'une maladresse, imprudence, inattention, négligence ou inobservation des règlements.

Conduire le coupable au commissariat en se faisant accompagner des témoins.

IMMONDICES. (V. Balayage - Bouages).

IMPRIMÉS. (V. Images obscènes).

Sera puni d'un emprisonnement d'un mois à 2 ans et d'une amende de 100 à 5000 francs quiconque aura commis le délit d'outrage aux bonnes mœurs par la vente, mise en vente, offre, exposition, affichage, distribution sur la voie publique ou dans les lieux publics d'écrits, imprimés, autres que les livres, d'affiches, dessins, gravures, peintures, emblêmes, objets ou images obscènes contraires aux bonnes mœurs. » (Loi du 2 Août 1882 modifiée par celles du 16 Mars 1898 et du 7 Avril 1908, promulguée par A. G. G. du 26 Août 1910.

INCENDIES

Incendie volontaire, involontaire et menaces d'incendie. (Délit. 434-436-458. C. P.).

Arrêter ou signaler les coupables.

Dès qu'un incendie se manifeste, les agents doivent prévenir le commissariat de police.

En attendant l'arrivée des pompes, ils prennent d'eux-mêmes toutes les mesures utiles dans l'intérêt des personnes et des propriétés et veillent à ce qu'aucun vol ne se commette.

Ils veillent que le public ne gène pas les travailleurs et à ce que ces derniers seuls pénètrent dans les habitations incendiées.

Les agents de service dans les autres quartiers restent à leur poste.

INFANTICIDE

L'infanticide est le meurtre d'un enfant nouveau-né. (Crime. 300. C. P.).

Arrêter ou signaler le coupable.

INFRACTIONS SPÉCIALES AUX INDIGÈNES

A. G. G, 24 Février 1903.

1° Propos calomnieux ou offensants contre l'autorité française et propagation de nouvelles fausses ou mensongères de nature à troubler la tranquillité publique.

2° Refus en inexécution de service de ga de de nuit à la maison commune et de rond nocturne pour assurer l'ordre dans le villa ge ;

3° Défaut ou négligence d'obtempérer au convocations des représentants de l'autorit publique européens ou indigènes qualifié pour faire ces convocations ;

4° Asile, hospitalité ou emploi donné sans en aviser immédiatement le village, soi à des asiatiques étrangers au village no porteurs de papiers réguliers, soit à tou autres individus non porteurs d'un récé pissé d'impôt, soit à des vagabonds ;

5° Départ d'un village pour changemen de domicile sans en avoir, au préalable averti les notables et payé l'impôt et san avoir fait viser par les dits notables les piè ces d'identité ;

6° Négligence de faire viser lesdites pièce dans le village choisi comme nouveau do micile ;

7° Tapage, scandale, disputes et autre actes de désordre dans le village et sur le marchés, hors les cas prévus par l'art. 479 § 8, C. P. ;

8° Omission de déclarer à la justice le cadavres découverts dans les fleuves o autres endroits ;

9° Refus ou négligence, hors les cas spé cifiés par l'art. 475, § 12, C. P. de faire le travaux, le service, ou de prêter le secours requis par l'autorité administrative ou judiciaire ;

10° Achat de buffles, chevaux et bœufs sans exiger du vendeur la justification de son droit de propriété ou sans avoir tout au moins fait certifier la vente par les notables ;

11° Défaut de faire immatriculer dans les 8 jours, soit à l'inspection, soit au village, les animaux achetés,

12° (Modifié par A. G. G. 7 Janvier 1915). Introduction la nuit, sans motif légitime, dans le domicile d'autrui ;

13° Cri ou tam-tam d'alarme sans nécessité reconnue.

Contravention.

Dans les cas prévus aux Nos 1 et 12, conduire les auteurs au commissariat de police.

INSOUMIS

Sont considérés comme insoumis les engagés volontaires et les hommes appelés qui ne se sont pas rendus à leur destination, hors le cas de force majeure, dans le mois qui suit le jour fixé par leur ordre de route.

Ceux de la disponibilité et de la réserve qui, étant appelés, ne se sont pas rendus à leur destination dans les 15 jours qui suivent celui fixé par leur ordre de route. (230. C. J. M.).

Arrêter les insoumis et les conduire au commissariat de police.

INTERDICTION DE SÉJOUR

Délit. (Loi du 27 Mai 1885. — 45. C. P.).

Arrêter toute personne trouvée dans une localité dont le séjour lui est interdit.

IVRESSE PUBLIQUE

Loi du 1er Octobre 1917.

Il est interdit de se montrer en état d'ivresse sur la voie publique et dans les lieux publics (art. 1er) ; Les cafetiers et autres débitants ne peuvent donner à boire à des gens manifestement ivres, ni les recevoir dans leurs établissements, ni servir des liqueurs alcooliques à des mineurs de moins de 18 ans (art. 4) ; — Ni faire boire jusqu'à l'ivresse un mineur de moins de 18 ans (art. 7); Toute personne trouvée en état d'ivresse sur la voie publique ou dans les lieux publics peut être, par mesure de police, con-

duite, à ses frais, jusqu'au poste le plus voisin, pour y être retenue jusqu'à ce qu'elle ait recouvré la raison (art. 15). — La loi doit être affichée dans la salle principale de tous les cafés, cabarets et débits de boissons. Il est interdit de lacérer le texte affiché (art. 16).

Arrêter les personnes trouvées en état d'ivresse sur la voie publique ou dans les lieux publics. Signaler les autres infractions.

Les agents doivent garder beaucoup de calme et de modération lorsqu'ils ont à conduire au poste des personnes ivres, afin de ne pas les exposer à commettre des outrages ou autres actes de rébellion

JETS INTERDITS SUR LA VOIE PUBLIQUE

Il est défendu : de jeter ou exposer au devant des habitations des choses de nature à nuire par leur chute ou par des exhalaisons insalubres. (471, § 6, C. P.) — De jeter imprudemment des immondices sur quelqu'un. (471, § 12, C. P.) - De jeter des pierres ou autres corps durs ou des immondices contre les maisons, édifices ou enclos ou sur quelqu'un. (475, § 8, C. P.). — De jeter des boues, immondices ou détritus sur les berges ou dans les arroyos. (A. M. C. 1er Mai 1880. — Art. 4). — De rien jeter des habitations sur la voie publique ou y déposer des matières pouvant répandre des exhalaisons incommodes ou insalubres (C. P. 471, § 6). — De rien jeter dans les égoûts de nature à les obstruer ou les infecter (A. M. C. 15 Juin 1907 — Art. 38). — Aux marchands ambulants, de jeter sur la voie publique des débris ou résidus (A. M. C. 1er Mai 1880 — Art. 25).

Contravention.

JEUX

1° Maisons de jeu de hasard. (Délit. 410, C. P.).

Les signaler au commissaire de police.

Les agents ne doivent jamais, de leur propre initiative, pénétrer dans les maisons de jeu de hasard.

2° Jeux de hasard sur la voie publique. (Contravention, 475, § 5. C. P.).

Arrêter les tenanciers, saisir les tables, instruments et enjeux.

LÉPREUX. — INFIRMES

Il est interdit aux lépreux de circuler sur les voies et lieux publics. (A. G. G. 4 Décembre 1909), art. 1er),

Professions interdites aux lépreux : (art. 4) ;

1° Toute profession dans laquelle le marchand ou l'employé manipule des aliments, boissons, drogues, tabacs, etc. (boulanger, boucher, aubergiste, cuisinier, marchand au détail, etc.).

2° Toute profession dans laquelle le marchand ou l'employé est en contact avec des vêtements destinés au public, blanchisseur, tailleur, fripier, etc.).

3° Toute profession dans laquelle la personne peut prendre contact avec le public (domestique, barbier, écrivain public, nourrice, conducteur de voiture ou de pousse-pousse, etc.).

Conduire au commissariat les lépreux trouvés sur la voie publique ; les signaler dans les autres cas.

LIVRETS D'OUVRIERS.

(V. Domestiques — Portefaix)

LOTERIES

Les loteries de toute espèce sont prohi

bées. (Loi du 21 Mai 1836, art. 1er). — Les loteries d'objets mobiliers destinées à des actes de bienfaisance ou à l'encouragement des arts peuvent être autorisées (art. 5).

Signaler les loteries sans autorisation et dont les billets sont vendus soit dans les magasins soit par voie de colportage.

Signaler les commerçants qui offrent à leur clientèle l'appât de loteries déguisées sous le nom de tombolas.

Arrêter tout participant aux loteries des 36 bêtes.

MAIN-FORTE. (V. Refus).

MAISONS DE PRÊTS SUR GAGES

Sans autorisation. (Délit. 411, C. P.).

Les signaler au commissaire de police.

MAISONS DE TOLÉRANCE.

(V. Prostitution).

MANDATS DE JUSTICE.

(V. Recommandations)

Les agents de police étant assimilés aux agents de la force publique, peuvent

être requis pour mettre à exécution les mandements de justice, pour arrêter des prévenus et même des condamnés, et les conduire soit devant un magistrat, soit dans une maison d'arrêt.

Le MANDAT DE COMPARUTION est une citation à comparaître devant le juge d'instruction pour subir un interrogatoire. (91, C. I. C.).

Le MANDAT D'AMENER est l'ordre donné par un magistrat d'obliger un inculpé ou un témoin à se présenter sur le champ pour être interrogé sur les faits d'une prévention criminelle. (92, C. I. C.).

Le MANDAT DE DÉPÔT est décerné après l'interrogatoire ou bien en exécution de l'un des mandats qui précèdent ; par ce mandat, le juge ordonne le dépôt de l'individu dans la maison d'arrêt. (93, C. I. C.).

Le MANDAT D'ARRÊT est l'ordre donné par le juge d'instruction de mettre un inculpé en état d'arrestation. (94 et suivants, C. I. C.).

MANIFESTATIONS

(V. ATTROUPEMENTS).

MARAICHERS

Il leur est interdit d'arroser les légumes avec des matières fécales ou autres liquides contenant des engrais quelconques dilués et fermentés, l'eau naturelle devant seule être employée.

Les tourteaux chinois servant d'engrais ne pourront être mis en usage qu'à l'état sec, après avoir été réduits en poudre ou hâchés et mélangés au sol. (A. M. C, 7 Octobre 1903, art. 1er).

Contravention.

MARCHANDS SUR LA VOIE PUBLIQUE

1° MARCHANDS A POSTE FIXE.—Les étalages établis sans autorisation ne pourront occuper plus du quart de la largeur du trottoir (A. M. C. 31 Mars 1914 — Art. 4).

Tous les étalages seront rentrés chaque soir à la fermeture des magasins. Leur emplacement sera balayé et nettoyé par le marchand (Art. 5 du même arrêté). Le marchand devra recueillir dans un récipient spécial tous les déchets et ordures provenant de son commerce (Art. 6).

MÉDAILLES. (V. DÉCORATIONS)

MÉDECINE

Délit. (Loi du 30 Novembre 1892).

Signaler ceux exerçant sans diplôme cette profession.

Non applicable pour la médecine sino-annamite traditionnelle dont l'exercice est libre après autorisation. (A. G. G. 28 Juillet 1914, art. 2). — Il ne peuvent, en aucun cas, vendre. céder ou faire usage de médicaments autres que ceux appartenant à la pharmacopée indigène (art. 7).

Signaler les infractions.

MENDICITÉ

La mendicité est un délit. (277 à 279. C. P.):

Elle est interdite à tout individu valide. (A. M. C. 31 Août 1874. — Art. 1er).

Arrêter tout mendiant sur la voie publique.

MEURTRE. (V. Assassinat. —Homicide)

MILITAIRES

Tous militaires ou marins arrêtés doivent être mis à la disposition du commissaire de police pour être dirigés sans retard à l'état-major de la Place ou de la Division navale, selon le cas, à moins qu'ils ne soient inculpés de délits commis conjointement avec des citoyens non militaires.

La conduite doit être faite non par des agents mais par une escorte de militaires envoyée par l'état-major intéressé sur avis donné par le commissaire de police.

MINEURS. (V. Enfants)

MONNAIES FAUSSES

Le C. P. punit : 1° La contrefaçon ou l'altération des monnaies françaises ou étrangères ayant cours légal ; 2° La participation à l'émission ou exposition des monnaies contrefaites ou à leur introduction en France ; 3° La coloration ; 4° La mise en circulation ou l'usage des monnaies contrefaites ou altérées, reçues pour bonnes, après en avoir reconnu les vices (art. 132 à 135).

Signaler les individus soupçonnés de fabriquer des pièces de monnaies fausses ou de participer à leur émission.

Conduire au commissariat toute personne qui met en circulation une pièce de monnaie fausse et saisir cette pièce.

Refus de recevoir les espèces et monnaies nationales, non fausses ni altérées, selon la valeur pour laquelle elles ont cours, (475, § 11. C. P.). (Non applicable aux billets de la banque de France).

Contravention.

Conduire au commissariat toute personne se livrant au trafic des monnaies.

MONTS-DE-PIÉTÉ

Leur fonctionnement est régi par A. G. G. 20 Novembre 1916.

Ils ont le monopole exclusif des prêts sur gages (Décret du 6 Octobre 1916). L'art. 411. C. P. (délit) est applicable aux prêteurs sur gages. En aucun cas, les mineurs de 18 ans, non émancipés, ne sont admis à engager des objets.

Signaler les infractions.

MORT SUBITE SUR LA VOIE PUBLIQUE

Faire transporter le cadavre au poste et prévenir le commissaire de police.

MONUMENTS PUBLICS. (V. DÉGRADATIONS)

MUSIQUE

Il sera perçu des redevances sur tous les cafés et restaurants etc... dans lesquels sera fait de la musique ou donnée une attraction quelconque (A. M. C. 30 Juillet 1921. — Art. 4).

NOTORIÉTÉ PUBLIQUE

La notoriété publique n'est qu'une rumeur ou un bruit qui se répand quelques temps après la consommation d'un crime ou d'un délit et qui doit exciter l'attention des agents de police.

Recueillir le p us de renseignements possible et faire un rapport au commissaire de police.

NOYÉS

Signaler d'urgence la découverte d'un noyé. S'il reste quelque doute sur la mort, le faire transporter avec tous les ménagements possibles dans un lieu où on puisse lui prodiguer les secours nécessaires.

Ne jamais fouiller les vêtements du mort avant l'arrivée du commissaire de police.

NUIT

Le temps légal de nuit pour les opérations judiciaires est réglé : Du 1er octobre au 31 mars, de 6 h. du soir à 6 h. du matin ; du 1er avril au 30 Septembre, de 9 h. du soir à 4 h. du matin (1037. C. P. C.).

OBJETS TROUVÉS

Déposer sans retard au commissariat de police les objets trouvés sur la voie publique ou dans les lieux publics en mentionnant dans un rapport l'heure, le lieu et les circonstances où l'objet a été trouvé.

Prendre l'identité des personnes qui leur remettent un objet trouvé et la signaler dans leur rapport.

OSSEMENTS HUMAINS

Prévenir le commissaire de police des ossements humains découverts dans des fouilles ou tout autre cas.

OUTRAGES AUX AGENTS

Par paroles, gestes ou menaces. (Délit. 224. C. P.).

Conduire les délinquants au commissariat.

OUTRAGES AUX BONNES MŒURS

Par vente d'écrits, gravures, dessins, etc.

sur la voie publique. (Délit. Lois du 29 Juillet 1881 et du 2 Août 1882).

Saisir les écrits, imprimés ou gravures et arrêter les vendeurs ou distributeurs ; lorsqu'il est commis par la distribution à domicile, arrêter lorsqu'il y a réquisition sur la voie publique. Signaler les infractions dans tous les autres cas.

OUTRAGES PUBLICS A LA PUDEUR

Délit. (330. C. P.).

Arrêter tout individu qui, sur la voie publique, a commis des actes indécents ou tenu à haute voix des propos obscènes.

Signaler les actes impudiques exercés dans une maison et qui ont été aperçus de la rue. Préciser le fait, sa nature et ses circonstances.

PAILLOTES

Les constructions permanentes de toutes natures, recouvertes en matériaux inflammables, seront autorisées dans la 3e Zône seulement, si elles se trouvent situées à plus de 30 mètres des constructions en maçonnerie ou séparées par une rue d'au moins 8 mètres de largeur (A. M. C. 15 Septembre 1914. — Art. 2). (Voir à l'art. 1er du même arrêté la division de la ville de Cholon en 3 zônes).

PATENTES

Tout individu qui exerce un commerce, une industrie ou une profession doit être muni d'une patente. (A. G. G. 1er Décembre 1915, art. 1er). — Tout patentable est tenu d'exhiber sa patente lorsqu'il en est requis par les agents de la force publique. En outre, les commerçants et industriels asiatiques ayant magasin, doivent tenir leur patente affichée constamment à l'endroit le plus apparent de leur établissement (art. 27). — Les marchandises mises en vente hors de leur domicile par des individus non munis de patente peuvent être séquestrées. Elles sont déposées au commissariat où il en est fait l'inventaire ; les voitures sont mises en fourrière. Si l'individu non patenté exerce à domicile, il est dressé procès-verbal, lequel est remis au contrôleur (art 29).

Infraction aux art. 27 et 29.

Dresser procès-verbal.

PÉTARDS. (V. ARTIFICES).

PLAINTES

Les agents n'ont pas qualité pour recevoir les plaintes judiciaires, mais ils n'en doivent pas moins écouter et recueillir celles à eux portées pendant leur service et en rendre compte au commissaire de police. Si les faits présentent une certaine gravité, il y a lieu de conduire au commissariat le plaignant et les témoins s'il y en a.

POIDS ET MESURES FAUX

La détention et l'usage de poids et mesures faux par un commerçant est un délit. (Loi du 1er Août 1905. — 423-424. C. P.).

Signaler les délinquants.

Emploi de poids et mesures différents de ceux établis par les règlements. 479, § 6, C. P.).

Contravention. Saisir ces instruments.

POUSSE-POUSSE

Aucun pousse-pousse ne peut circuler sans être muni d'un permis de circulation, d'un tarif et d'une carte patente (A. M.C. 23 Mars 1918. — Art. 1er). Tout véhicule circulant en mauvais état de solidité et de propreté, sera immédiatement conduit à la fourrière (Art. 8 du même arrêté).

Il sera également mis en fourrière s'il est dépourvu de permis de circulation (Article **7** de l'A.G. G. du 24 Novembre 1904).— Tout conducteur libre sera tenu de marcher à toute réquisition de voyageur et aux prix fixés par l'article 11 ci-après (Art. 10 de l'A. M. C. du 23 Mars 1918).

INTÉRIEUR DE LA VILLE

LA COURSE		L'HEURE	
sans retour ni arrêt	aller et retour avec une demi-heure d'arrêt.	première demi-heure	dernière demi-heure et suivantes
0$10	0$15	0$15	0$10

Défense de demander un prix supérieur au tarif. (Art. 12).

Obligation d'être âgé de 20 ans au moins, décemment vêtu, doué d'une force physique suffisante et non atteint de maladies contagieuses. — Art. 13.

Défense de stationner sans nécessité sur la voie publique en dehors des stations prévues. (Art. 14).

Défense au public d'introduire dans les pousse-pousse et au conducteur de recevoir, d'autres objets que des colis pouvant être portés à la main et n'étant pas susceptibles de salir ou détériorer le véhicule. (Art. 16).

Défense de faire passer les pousse-pousse sur les endroits réservés aux piétons, interdiction de lutter de vitesse, de couper les convois funèbres ou les détachements de troupes. (Art. 17).

Obligation de s'arrêter à la 1re injonction des agents de la force publique. (Art. 19).

Propriétaires et entrepreneurs de pousse-pousse sont civilement responsables des amendes, dommages-intérêts et frais encourus par la faute des conducteurs, hors les cas où la contravention est déclarée personnelle au tireur. (Art. 21).

PROMENADES

(Voir C. P. Art. 479, paragraphes 11 et 12. — A. M. C. 1er Mai 1880. — Art. 17).

Contravention.

PROSTITUTION

Bien que la surveillance de la prostitution appartienne principalement au service des mœurs, les agents de police doivent connaître les principales prescriptions concernant les filles qui se montrent sur la voie publique. Il est interdit aux filles publiques de racoler ou de stationner sur les promenades et voies publiques (A. M. C. 18 Octobre 1912. — Art. 9). Les cafés et cabarets leur sont interdits. (Art. 20 du même arrêté).

QUAIS

Aucun dépôt de marchandises ou de matériaux ne pourra être établi le long des quais et des rues sans autorisation préalable (A. M. C. 1er Mai 1880. — Art. 11).

QUÊTES

Conduire au commissariat de police les personnes quêtant sans autorisation sur la voie publique.

RAGE (V. Chiens).

RAPPORTS

Les rapports des agents de police doivent être simples, clairs et ne contenir que l'expression de la scrupuleuse vérité. Ils doivent énoncer toutes les indications nécessaires pour la répression des infractions signalées. Aucun mot ne doit être surchargé ni gratté. Les renvois, s'il en a été fait, et les ratures doivent être signés. Les articles en vertu desquels ils opèrent doivent être cités.

(V. Arrestations — contraventions).

RASSEMBLEMENTS. (V. Attroupements),

RÉBELLION

Toute attaque ou résistance avec voies de fait envers les officiers ministériels, la force publique, les préposés à la perception des taxes, les officiers ou agents de police agissant pour l'exécution des lois, ordres ou ordonnances de l'autorité publique, est un délit. (209 à 221, C. P.).

Arrêter les coupables.

RECEL

Recel d'objets volés (460. C. P.).

Recel de cadavre de personne homicidée ou morte des suites de coups ou blessures (359. C. P.).

Recel d'espions ou soldats ennemis (83. C. P.).

Recel de criminels (248. C. P.).
Recel d'enfants (345. C. P.).
Recel d'objets détournés à l'aide d'extorsion (400, § 5, C. P.).
Recel de déserteur ou d'insoumis (Loi du 21 mars 1905, art. 84, § 1).
Recel de malfaiteurs (61, C. P.).
Recel de produits brevetés contrefaits (Loi du 5 Juillet 1844, art. 41).
Recel d'armes, munitions, objets militaires (art. 247, C. J. M. — art. 329 C. J. M.).

Arrêter les délinquants lorsqu'il y a réquisition sur la voie publique. Les signaler dans tous les autres cas.

REFUS DE SECOURS

Tous individus qui, le pouvant, ont refusé de faire le service ou de prêter le secours dont ils ont été requis dans les circonstances d'accident, tumultes, naufrage, incendie ou autres calamités, ainsi que dans les cas de brigandage, pillage, flagrant délit, clameur publique ou exécution judiciaire. (475, § 12, C. P.).

Signaler les contraventions.

RÉQUISITIONS

1° Réquisition sur la voie publique.

L'agent de police, requis par un individu qui porte plainte contre un autre pour crime ou délit, doit arrêter la personne inculpée et la conduire directement au commissaire de police en se faisant accompagner par le plaignant et les témoins.

2° Réquisition de l'intérieur d'une maison.

A toute réquisition d'un chef de maison ou de son délégué, l'agent de police doit faire sortir toute personne qui veut rester d'autorité et, en cas de résistance, il conduit plaignant et inculpé devant le commissaire de police. Dans tous les cas, il faut s'assurer du droit que possède la personne qui réclame l'intervention.

RESPONSABILITÉ CIVILE

1° Chacun doit répondre des dommages causés par son fait, c'est-à-dire volontairement, par négligence ou par imprudence.

2° Et aussi du préjudice résultant d'un fait dont on est indirectement l'auteur.

A). — Dommage causé par les personnes que l'on a sous sa dépendance : Le père et la mère, après le décès du mari, sont responsables de leurs enfants mineurs habitant avec eux ; les maîtres de leurs domestiques, ouvriers et apprentis dans les actes de leur service ; les instituteurs de leurs élèves, pendant le temps qu'ils sont sous leur surveillance ; les propriétaires de leurs voitures, de leurs cochers ou conducteurs.

B). — Dommage causé par la chose qu'on a sous sa garde : (animaux).

Lorsque l'agent constate un préjudice causé à autrui, il doit prendre note des faits et mentionner les noms, professions et demeures des personnes responsables.

RIXES. (V. Violences légères)

RUPTURE DE BAN

Arrêter tout individu trouvé sur un territoire dont le séjour lui est interdit.

SCANDALE. (V. Bruit)

SCELLÉS. (V. Bris)

SECRET PROFESSIONNEL

Délit. (378, C. P.).

Les agents ne doivent jamais révéler qu'à leurs chefs les secrets qui leur sont confiés ou dont ils ont connaissance dans l'exercice ou à l'occasion de l'exercice de leurs fonctions.

SUICIDE

Lorsqu'un agent de police a connaissance d'un suicide, il doit faire prévenir le commissaire de police et, s'il en est temps encore, secourir de suite le malade. Quand il y a fermeture de la porte d'une pièce où l'on présume qu'une personne s'est suicidée, l'agent de police ne doit pas hésiter à la faire ouvrir si l'on entend des gémissements, ou s'il y a presque certitude d'être utile. Il se fait alors accompagner de 2 témoins en ayant soin d'écarter les curieux. Lorsque l'urgence n'est pas démontrée il doit attendre l'arrivée du commissaire de police.

TABACS

Décret du 3 Août 1912.

Arrêter tout détenteur, vendeur ou colporteur de tabacs de contrebande. Saisir les tabacs et les moyens de transport sur la voie publique.

Signaler les lieux de fabrication clandestine.

TÉLÉGRAPHES — TÉLÉPHONES

Décret du 27 Décembre 1851.

Arrêter ceux qui, par imprudence volontairement ou involontairement, ont dégradé ou détérioré le matériel, coupé les fils, brisé les machines ou les appareils de lignes.

THÉATRE

Les représentations théâtrales, concerts, conférences, payants ou autres donnés dans les établissements publics doivent être autorisés par le Maire. (A. M. C. 30 juillet 1921).

Signaler les infractions.

TIMBRES-POSTE

Délit. (Loi du 8 Avril 1910, art. 52).

Arrêter ou signaler les individus vendant des timbres-poste contrefaits.

TIRS. (V. ARMES — ARTIFICES)

TROMPERIE

Tromperie sur la nature et la qualité des choses vendues ou sur leur quantité par usage de fausses balances, faux poids ou fausses mesures. (Délit. Loi du 1er Août 1905).

Signaler les commerçants contre lesquels il y aurait plainte ; en cas de flagrant délit ou plainte sur la voie publique, arrêter le coupable, saisir les fausses balances, faux poids ou les marchandises s'il y a lieu.

TROTTOIRS. (V. BALAYAGE — DÉPÔTS — EMBARRAS DE LA VOIE PUBLIQUE)

TROUPES

Il est interdit aux pousse-pousse, aux vélocipèdes de couper les détachements de troupes. (Voir pousse-pousse et vélocipèdes)

Contravention.

USURPATION

Immixtion sans titre dans une fonction publique ou perpétration d'un acte de cette fonction. (Délit. 258. C. P.).

Usurpation d'un costume, d'un uniforme ou d'une décoration. (Délit. 259. C. P.).

Arrêter les coupables

On ne peut interpeller une personne pour s'assurer du droit légitime qu'elle peut avoir à porter un costume, un uniforme ou une décoration, mais quand, dans une opération, l'une de ces circonstances se présente, on la relève avec soin et le coupable doit être arrêté.

VAGABONDAGE

Les vagabonds ou gens sans aveu sont ceux qui n'ont pas de moyen de subsistance et qui n'exercent habituellement ni métier ni profession. (Délit. 269 à 273. C.. P..).

Sont aussi considérés comme vagabonds tous individus qui, qu'ils aient ou non un domicile certain, ne tirent habituellement leur subsistance que du fait de pratiquer ou faciliter, sur la voie publique, l'exercice de jeux illicites, ou la prostitution d'autrui sur la voie publique. (Loi du 27 Mai 1885, art. 4).

Arrêter les individus qui seraient trouvés dans les conditions ci-dessus.

Il y a également lieu d'arrêter ceux qui rôdent la nuit avec des paquets sans pouvoir justifier de leur origine légitime, ainsi que les individus trouvés dans les bâtiments inhabités, dans les marchés et autres lieux pouvant servir de refuge aux gens sans aveu.

VÉHICULES

Tout conducteur de voiture ou de pousse-pousse doit être muni d'un permis qui sera présenté à toute réquisition des agents de l'autorité. (A. L. G. 24 Novembre 1904. art. 2 et 3). — Tout conducteur sans permis: Contravention (art. 6). - Les voitures et pousse-pousse conduits par ces individus: Fourrière (art. 7).

(Voir automobiles, pousse-pousse, voitures, vélocipèdes).

VÉLOCIPÈDES. (V. MUSIQUE —VÉHICULES)

Les vélocipèdes seront éclairés dès la chute du jour et seront munis d'un cornet ou grelot (A. M. C. 19 Septembre 1895. — Art. 1er). —Défense de couper les cortèges, les troupes en marche et les groupes d'écoliers (Art. 4). — Interdiction de circuler sur les trottoirs et contre-allées des boulevards (Art. 5). — Interdiction de lutter de vitesse (Art. 6).

Contravention.

VIDANGES

(Voir cahier des charges des Vidanges).

Toutes les maisons en maçonnerie ou simplement couvertes en tuiles doivent être pourvues de cabinets d'aisances avec tinette mobile (A. M. C. 2 Octobre 1904. — Art. 4). Les cabinets d'aisances devront être tenus dans le plus grand état de propreté (Art. 5). — Le service des vidanges se fait de 11 heures du soir à 5 heures du matin. Il est interdit d'installer des cabinets d'aisances sur le bord des arroyos, de déverser des matières fécales ou putrides dans les égoûts municipaux ou particuliers, de transvaser les matières fécales sur la voie publique (Art. 6).

Contravention.

VIOLATION DE DOMICILE

Par des agents. (V. ABUS D'AUTORITÉ. — CAFÉS).

Il y a violation de domicile par un particulier lorsque celui-ci s'est introduit avec des menaces ou des violences. (184. C. P.).

Arrêter le coupable lorsqu'il y a réquisition sur la voie publique et que le délit est caractérisé.

VIOLATION DE SCRUTIN. (V. ÉLECTIONS.)

VIOLATION DE TOMBEAUX ET SÉPULTURES

Délit. (360. C.).

Arrêter ou signaler les coupables.

VIOLENCES LÉGÈRES

(Voies de fait, rixes).

Les auteurs de rixes et violences légères n'ayant ni frappé ni blessé personne. (Loi du 3 Brumaire An IV, art. 605, § 8).

Sont des violences légères, le fait de pousser quelqu'un sans le frapper, le saisir par l'épaule ou par les vêtements, etc.

Contravention.

Les coups portés à quelqu'un (soufflets, coups de pied, coups de poing, etc.) constituent un délit. (311. C. P.).

Arrêter les coupables.

Violences et voies de faits aux agents. (V. RÉBELLION).

VOIRIE

V. ANIMAUX — ARBRES — BALAYAGE — BARRIÈRES — BOUAGES — CHEVAUX — CONSTRUCTIONS — DÉPOTS — ECLAIRAGE — EGOUTS — EXCAVATIONS — JET — MARCHANDS — PROMENADES — TROTTOIRS.

VOITURES. (V. Véhicules).

Les conducteurs de voitures publiques devront être âgés de 18 ans au moins (A. G. G. 24 novembre 1904).

Les conducteurs de voitures publiques devront être pourvus d'un permis de conduire (A. M. C. 1er Septembre 1887, Art. 4). Les cochers ne pourront admettre dans leur voiture un nombre de voyageurs supérieur à celui indiqué sur le livret (Art. 8 même arrêté). — Ils ne devront autoriser personne à monter sur leur siège (Art. 9). Ils devront déposer sans délai au Commissariat les objets oubliés ou perdus dans leur voiture (Art. 10).—Ils ne devront point lutter de vitesse (Art. 12). — Ils devront marcher à la réquisition des voyageurs (Art. 15). — Il leur est interdit de recevoir dans leur voiture des objets pouvant salir, infecter ou détériorer (Art. 18).

Les voitures rencontrées conduites par des individus non munis de permis, seront conduites en fourrière (A. G. G. 24 Novembre 1904. — Art. 7).

TABLEAU DES TARIFS

	De 5 heures matin à minuit		De minuit à 5 heures matin	
	1re classe	2e classe	1re classe	2e classe
Intérieur de la Ville.				
La course, sans retour ni arrêt	0 $ 15	0 $ 10	0 $ 25	0 $ 15
La course aller et retour, 1/4 d'heure d'arrêt.............	0 25	0 15	0 35	0 25
La première demi-heure......	0 25	0 15	0 35	0 25
Demi-heures suivantes........	0 15	0 10	0 25	0 15
Extérieur de la Ville.				
De Saigon à Cholon	0 50	0 40	0 75	0 60
Aller et retour, 1 heure de séjour......................	1 00	0 80	1 50	1 20
De Cholon à Binh-Hoà........	0 80	0 60	1 20	0 90
Aller et retour, 1 heure de séjour......................	1 50	1 10	2 75	1 65
De Cholon à Choquan........	0 35	0 20	0 50	0 30
Aller et retour, 1 heure de séjour......................	0 60	0 35	0 90	0 50

CHARRETTES A BŒUFS

Toute charrette marchant isolément ou en tête d'un convoi, ne pourra circuler la nuit sans être munie d'un falot ou d'une lanterne allumée (A. G. 5 Mars 1904. — Art. 8). —Il est interdit au conducteur de laisser stationner sa charrette, sans nécessité sur la voie publique, que cette charrette soit attelée ou non (Art. 10 même arrêté). —Les charretiers ne devront conduire qu'un seul véhicule et se tenir constamment à portée de leurs chevaux ou autres bêtes de trait (Art. 11).

Pour les transports en commun, de marchandises, matériaux ou terre, les propriétaires des charrettes devront faire au préalable une déclaration à la Mairie de Cholon (A. M. C. 8 Septembre 1920. — Art. 1er). — Les véhicules en question ne pourront être mis en service qu'autant que leurs propriétaires seront munis d'un permis de circulation (Art. 2 même arrêté).

VOTE (V. ELECTIONS).

Les agents de police qui se présentent pour voter sont tenus de retirer leur arme.

ANNEXES

RECOMMANDATIONS

Modèles et Formules

RECOMMANDATIONS *au sujet de l'exécution des mandats et de la signification des pièces de justice, — Recouvrement des amendes. — Formalités de l'enregistrement. — Formules diverses*

Mandat de comparution. — Le porteur d'un mandat de comparution se présente au domicile de celui qui en est l'objet ; s'il le trouve, il lui exhibe le mandat en original, lui en donne lecture et en délivre une copie. Mais il ne peut recourir à aucune contrainte.

Mandat d'amener. — Pour l'exécution d'un mandat d'amener, se présenter de même au domicile de celui qui fait l'objet de ce mandat ; s'il est trouvé, le porteur lui exhibe le mandat, en original, lui en délivre une copie, et lui demande s'il est prêt à obéir. Cette notification faite et constatée par un acte, l'individu doit être conduit, même en employant la force, devant le magistrat qui a délivré le mandat.

Mandat d'arrêt.—Pour le mandat d'arrêt, agir de même, mais en prenant toutes mesures de précautions pour prévenir une évasion. Le prévenu étant trouvé, faire l'exhibition du mandat en original, lui en donner lecture et copie, et le conduire à la maison d'arrêt indiquée où il est remis au gardien qui en donne décharge. Les agents de police signent alors l'acte d'écrou. Dans la mise à exécution des mandats d'amener et d'arrêt, le porteur peut employer la force publique qui est tenue de marcher sur la réquisition contenue dans le mandat.

Mandat de dépôt. — Le mandat de dépôt concerne presque toujours un individu déjà arrêté qu'un juge d'instruction, par exemple, vient d'interroger et dont il ordonne le dépôt dans la maison d'arrêt. La notification de ce mandat se fait par son exhibition, sa lecture et la remise d'une copie.

PIÈCES DE JUSTICE

TRIBUNAL DE SIMPLE POLICE

Citation à inculpé. — Ces citations sont notifiées à la réquisition du Ministère public; il en est laissé copie au prévenu ou à la personne civilement responsable. L'original doit être enregistré.

Citation à témoin. — Le témoin doit être touché directement par la citation dont il lui est laissé copie. L'original doit être enregistré.

Extrait du jugement par défaut. — L'extrait du jugement par défaut est signifié au condamné ou à la personne déclarée civilement responsable. Il en est laissé copie.

L'original est soumis à la formalité de l'enregistrement.

Réquisitoire aux fins d'écrou d'un condamné à l'emprisonnement. — Lorsque le condamné est trouvé, il doit être conduit à la prison centrale et écroué. Le réquisitoire est laissé au gardien-chef qui délivre reçu au bas du procès-verbal de l'agent.

Si le condamné ne peut être trouvé, le réquisitoire est retourné avec un procès-verbal de recherches infructueuses.

TRIBUNAUX CORRECTIONNELS

COURS D'APPELS

Citation à inculpé non détenu. — Tout original de citation à inculpé non détenu doit indiquer que la copie de la citation a été remise par l'agent de la force publique au domicile de l'inculpé parlant à sa personne.

Dans le cas où l'inculpé n'est pas trouvé à son domicile, la copie de la citation est remises à un de ses parents ou à défaut à un de ses domestiques. A défaut de parents ou de domestiques, la copie est donnée à un *voisin qui signe l'original.* Si ce voisin *ne peut ou ne veut signer.* la citation est portée au maire qui vise l'original reçoit la copie. Dans ce cas, l'agent constate sur l'original et la copie, que n'ayant trouvé à son domicile ni l'inculpé, ni un de ses parents, ni un de ses serviteurs et qu'aucun voisin n'ayant pu ou voulu signer, il a été dans la nécessité de remettre la copie de la citation à M .. maire de la commune, qui l'a reçue et a visé l'original.

Lorsqu'un inculpé n'a pas de domicile connu ou qu'il a quitté depuis plusieurs mois son domicile sans qu'on sache ce qu'il est devenu, l'agent de la force publique doit afficher une copie de la citation à la porte principale de l'auditoire du Tribunal (ou de la Cour) et remettre une seconde copie au Procureur de la République (au Procureur général, suivant qu'il s'agit d'une affaire portée devant le Tribunal de 1re instance ou devant la Cour) ; il doit ensuite constater sur l'original, que le domicile ou la dernière résidence de l'inculpé étant inconnus, ou que l'inculpé ayant quitté son dernier domicile depuis plusieurs mois et sa résidence actuelle étant inconnue, il a affiché copie à la porte principale du Tribunal (ou de la Cour de.....) et a remis une copie au Procureur de la République (ou au Procureur général) art. 68 et 69 du Code de Procédure Criminelle.

L'original est soumis à la formalité de l'enregistrement.

Citation à témoin. — Se conformer à ce qui est prescrit pour la citation à inculpé.

Réquisition à témoin (flagrant délit) (art. 3 de la loi du 20 mai 1863.) — En matière de flagrant délit, il n'est pas nécessaire d'adresser ou de remettre des citations aux témoins. Ceux-ci peuvent être verbalement requis par tout officier de police judiciaire ou agent de la force publique d'avoir à comparaître aux jour et heure qu'il lui indiquent verbalement, sous peine d'être punis conformément à l'article 157 du Code d'Instruction Criminelle. Dans la pratique, le Procureur de la République adresse un réquisitoire concernant les noms des témoins à citer en matière de flagrant délit. L'agent désigné va avertir verbalement ces témoins de leur convocation et retourne ensuite le réquisitoire au Procureur de la République, en y indiquant qu'il a averti le ou les témoins d'avoir à comparaître devant le Tribunal le......., à ..... heure à moins d'encourir la pénalité prévue à l'article 157 du Code d'Instruction Criminelle.

Extrait d'arrêt *portant réquisitoire contre un condamné à l'emprisonnement non détenu.*

Lorsque le condamné est trouvé, il doit être conduit à la prison centrale et écroué. Mention de l'écrou est faite au dos de l'extrait, qui reste entre les mains du gardien-chef. Celui-ci délivre un reçu qui doit être retourné à l'autorité qui a délivré l'extrait d'arrêt.

Si le condamné ne peut être trouvé, l'extrait d'arrêt est retourné avec un procès-verbal de recherches infructueuses.

RECOUVREMENT DES FRAIS ET AMENDES

Avertissement. — L'avertissement est remis au débiteur ou, s'il ne peut être trouvé, à la personne civilement responsable, s'il en est fait mention.

Commandement. — Le commandement doit être signifié au débiteur ou à la personne civilement responsable, s'il en est fait mention. Il doit en être laissé copie.

Réquisitoire *ordonnant la contrainte par corps.* — L'agent porteur d'un réquisitoire doit, dès qu'il a trouvé le débiteur, le mettre en demeure d'avoir à verser immédiatement au bureau de l'enregistrement la somme inscrite sur sa feuille. Si le débiteur déclare adhérer, il le conduit à l'enregistrement et dresse procès-verbal constatant le paiement. Le procès-verbal est visé par le receveur et remis à l'agent.

Si, au contraire, il déclare ne vouloir ou ne pouvoir payer, il le conduit à la prison centrale et l'écroue après visa du Procureur de la République. Le Gardien-chef garde le réquisitoire et donne reçu du prisonnier à la suite du procès-verbal dressé par l'agent. Ce procès-verbal est soumis au visa du receveur de l'Enregistrement. Sous aucun prétexte, l'agent porteur d'un réquisitoire ne peut accorder de délais aux débiteurs. Il est expressément interdit aux agents de se substituer aux débiteurs pour opérer le versement des sommes dues ou de recevoir une somme quelconque en dépôt. Les débiteurs doivent être conduits par les capteurs au bureau du receveur et effectuer eux-mêmes le paiement des sommes qui leur sont réclamées.

Chaque réquisitoire exécuté donne droit à une prime que l'agent capteur touche à l'Enregistrement sur un mémoire qu'il dresse et fait taxer.

NOTA. — Lorsque les débiteurs ne peuvent être trouvés, les diverses pièces sont retournées portant soit au dos, soit en marge, au crayon, les motifs du retour et les renseignements recueillis sur la disparition des débiteurs et les lieux où ils peuvent être cherchés utilement.

ORDRE DE CONSIGNE

Cholon, le 21 Octobre 1903.

Monsieur le chef de poste de Xom-Cui est requis de tenir consigné à la disposition de Monsieur le Commissaire de police du quartier le nommé Nguyên-van-Quoi, âgé de 25 ans, né à Binh-Tây (Cholon), charpentier, demeurant à Cholon, 5e quartier, arrêté à six heures du soir à Cholon en flagrant délit de vol d'un porte-monnaie au préjudice du nommé Lê-van-Kha, âgé de 42 ans, propriétaire au même village.

Fouillé, l'inculpé a été trouvé porteur des objets suivants :

Un porte-monnaie contenant : deux billets de cinq piastres ; un billet d'une piastre, deux pièces de 0 $ 20 cents et 0 $ 04 cents.

L'agent de police,

MARTEL.

Cochinchine Française

—

VILLE DE CHOLON

Du 4 Octobre 1916

—

PROCÈS-VERBAL

Constatant une contravention à l'article 605 n° 8 de la loi du 3 Brumaire an IV.

Rixe et scandale sur la voie publique.

—

Nom des Contrevenants:

1° Ng.-v-Phuong.
2° Ng.-v-Khanh.

RÉPUBLIQUE FRANÇAISE

Liberté — Égalité — Fraternite

COMMISSARIAT DE POLICE

Du 1er Arrondissement

—

Cejourd'hui quatre Octobre mil neuf cent seize, à huit heures du matin.

Nous .... soussigné X. Charles, Commissaire de police de la ville de Cholon.

Rendons compte du rapport suivant qui nous est fait par le sous-brigadier Duvigneau (Nicolas) de la police Urbaine :

« Etant de service et passant rue Palikao à hauteur de la rue Gia-Phu le 3 Octobre 1916, à trois heures de relevée, j'ai constaté qu'une vingtaine de personnes s'étaient rassemblées sur la chaussée attirées par le bruit et le scandale que causaient en s'injuriant et en se battant ensemble les nommés Nguyên-van-Phuong, âgé de 22 ans, charpentier, et Nguyèn-van-Khanh, âgé 30 ans, sans profession, tous deux demeurant rue Gocong.

« Ayant dispersé le rassemblement, j'ai déclaré aux sus-nommés que procès-verbal sera dressé à leur encontre pour contravention à l'article 605 n° 8 de la loi du 3 Brumaire an IV.

Et leur ai remis les fiches Nos..... et...... de mon carnet à souches où il est stipulé qu'ils peuvent se libérer dans les 24 heures entre les mains du Commissuire de police.

Lecture faite, l'agent sus-dénommé déclare son rapport conforme à la vérité et signe avec nous.

DUVIGNEAU

X.......

Vu le rapport qui précède et attendu que les faits relevés à la charge des contrevenants constituent une infraction à l'article 605 n° 8 de la loi du 3 Brumaire an IV.

Nous avons dressé contre les dénommés d'autre part qui ne se sont pas libérés dans le délai prescrit, le présent procès-verbal pour être transmis à Monsieur le Commissaire central faisant fonctions de Ministère public près le tribunal de simple police de Cholon.

Le Commissaire de police,

Signé: X...

RENSEIGNEMENTS

Contrevenants	1° Ng-van-Phuong, âge de 22 ans, charpentier, carte n° 852 du contrôle de Saigon, demeurant rue Gocong. 2° Ng-van-Khanh, 30 ans, sans profession, carte n° 925 du contrôle de Cholon, demeurant rue Gocong.
Témoin	Duvigneau, Charles, sous-brigadier de police de la ville de Cholon, y demeurant.

Cochinchine Française

VILLE DE CHOLON

Du 12 septembre 1916

PROCÈS-VERBAL

Constatant une contravention à l'article 42 de l'arrêté du 15 juin 1907.

Caniveaux malpropres

Nom du contrevenant :

Aramoulichetty

RÉPUBLIQUE FRANÇAISE

Liberté - Égalité—Fraternité

COMMISSARIAT DE POLICE

Du 1er Arrondissement

Cejourd'hui douze Septembre mil neuf cent seize, à six heures du soir,

Nous soussigné Dumoulin, Georges, commissaire de police de la Ville de Cholon.

Rendons compte du rapport suivant qui nous est fait par le sous-brigadier Boileau (Maximilien) de la police urbaine :

« Étant de service et passant rue Go-cong, ce matin, vers huit heures et demie, j'ai constaté que les caniveaux de l'immeuble sis au numéro 28 de la rue précitée, appartenant au sieur Aramoulichetty, âgé de 40 ans, banquier, rue Cay-Mai n'avaient pas été nettoyés depuis longtemps, car ils étaient pleins de détritus ménagers qui exhalaient de fort mauvaises odeurs, et empêchaient les eaux pluviales et autres de s'écouler jusqu'à la voie publique.

« J'ai déclaré au sieur Aramoulichetty qu'ayant contrevenu aux dispositions de l'article 42 de l'arrêté du 15 juin 1907, procès-verbal lui serait dressé ».

Et lui ai remis la fiche n° ...... de mon carnet à souches, où il est stipulé qu'il peut se libérer dans les 24 heures entre les mains du Commissaire de police.

Lecture faite, l'agent sus-dénommé déclare son rapport conforme à la vérité et signe avec nous.

M. BOILEAU.

G. DUMOULIN.

Vu le rapport qui précède et attendu que le fait relevé à la charge du contrevenant constitue une infraction à l'article 4 de l'arrêté du 5 Avril 1900, nous avons dressé contre le dénommé d'autre part, qui ne s'est pas libéré dans le délai prescrit, le présent procès-verbal pour être transmis à M. le commissaire central faisant fonctions de Ministère public près le Tribunal de simple police de Saigon.

Le Commissaire de police,
G. DUMOULIN.

RENSEIGNEMENTS

Contrevenant	Aramoulichetty, 40 ans, carte numéro 216, Banquier à Saigon, rue d'Adran, propriétaire de l'immeuble.
Témoin	Boileau, Maximilien, agent de police.

Cochinchine Française

VILLE DE SAIGON

Du 8 Décembre 1903

PROCÈS-VERBAL

Constatant une contravention à l'article 475, §3, du Code Pénal.

Abandon de voiture attelée sur la voie publique.

Nom du contrevenant:

Bui-van-Phong.

A-Hia, propriét. C. R.

RÉPUBLIQUE FRANÇAISE

Liberté — Égalité — Fraternité

COMMISSARIAT DE POLICE

Du 2e Arrondissement

Cejourd'hui huit decembre mil neuf cent trois, à cinq heures du soir.

Nous soussigne X... Armand, Commissaire de police de la ville de Saigon, rendons compte du rapport suivant qui nous est fait par l'agent Bizouard (Emile) de la police Urbaine,

« Etant de service et passant rue Paul Blanchy, ce matin, à huit heures trente, j'ai constaté que le nommé Bui-van-Phong, âgé de 25 ans, cocher de la voiture de 2e classe n° 5 de Saigon, avait abandonné son attelage à hauteur de la rue d'Espagne pour aller à 50 mètres de là boire une tasse de café chez un marchand chinois.

« Le sus-nommé ayant rejoint son attelage, je l'ai prévenu qu'ayant contrevenu à l'article 475, §3, du Code pénal, procès-verbal lui serait dressé et le propriétaire du véhicule, le nommé A-Hia, déclaré civilement responsable.

J'ai ensuite remis au cocher la fiche n: ...de mon carnet à souches, où il est stipulé qu'il peut se libérer dans les 24 heures entre les mains du Commissaire de police.

Lecture faite, l'agent sus-dénommé déclare son rapport conforme à la vérité et signe avec nous.

E. BIZOUARD.

X...

Vu le rapport qui précède et attendu que le fait relevé à la charge du contrevenant constitue une infraction à l'article 475, § 3, du Code pénal, nous avons dressé contre le dénommé d'autre part, qui ne s'est pas libéré dans le délai prescrit, le présent procès-verbal pour être transmis à M. le Commissaire central faisant fonctions de Ministère public près le Tribunal de simple police de Saigon.

Le Commissaire de police,

X...

RENSEIGNEMENTS

Contrevenant.	Bui-van-Phong, 25 ans, carte n° 215, livret n° 617, cocher de la voiture de 2e classe n° 5 de Saigon, demeurant chez son patron.
Propriétaire C. R.	A-Hia, Chinois de Canton, carte n° 2161, demeurant à Dakao, propriétaire de la voiture de 2e classe, n° 5.
Témoin.	Bizouard Emile, agent de police.

N·

PARQUET
du
Tribunal de 1re instance
de Saigon

Du 8 novembre 1903

MANDAT D'AMENER
contre
TRAN-VAN-THIEU
et
consorts

N· DE LA PLAINTE :

RÉPUBLIQUE FRANÇAISE
Liberté—Égalité—Fraternité

COCHINCHINE FRANÇAISE

TRIBUNAL DE 1re INSTANCE
De Saigon

Au nom du peuple français

Nous, X...,

Procureur de la République près le Tribunal de première instance de Saigon.

MANDONS et ORDONNONS à tous huissiers ou agents de la force publique d'amener par-devant nous, en se conformant à la loi :

1· Tran-van-Thieu, âgé de 30 ans environ, cuisinier, demeurant rue Boresse, Saigon ;

2· Nguyen-van-Qui, âgé de 30 ans environ, maçon, demeurant rue Lefèbvre, Saigon ;

3· Pham-thi-Chinh, âgée de 30 ans environ, marchande de bétel, demeurant rue d'Adran, Saigon,

pour être entendus sur les inculpations à eux faites.

REQUÉRONS tous dépositaires de la force publique de prêter main-forte, s'ils en sont requis, pour l'exécution du présent mandat ; à l'effet de quoi nous l'avons signé et scellé de notre sceau.

Fait au Parquet de première instance, à Saigon, le 8 novembre mil neuf cent trois.

Le Procureur de la République,

Signé : X.

Du 20 septembre 1903

MANDAT D'ARRÊT

contre

PHAM-VAN-PHUONG

AFFAIRE

Nos 184 du parquet
— 35 de l'instruction

RÉPUBLIQUE FRANÇAISE
Liberté—Égalité—Fraternité

INDOCHINE

Administration de la Justice

TRIBUNAL DE 1re INSTANCE
De Saigon

MANDAT D'ARRÊT

Au nom du peuple français

Nous, X...
Juge d'instruction près le Tribunal de 1re instance de Saigon.

Vu les pièces du procès et les conclusions de M. le Procureur de la République en date du 12 septembre 1903

Vu les articles 91 et 94 du Code d'instruction criminelle ;

Mandons et ordonnons à tous huissiers ou agents de la force publique sur ce requis d'arrêter, seulement sur le territoire français, et de conduire à la maison d'arrêt de Saigon, en se conformant à la loi :

Le nommé Pham-van-Phuong, carte n° 1853 de Saigon, né à Saigon, âgé de vingt-sept ans, demeurant à Saigon, rue Boresse, prévenu de vol qualifié commis à Saigon, le dix août 1903, au préjudice de Tran-van-Trau, crime prévu par les articles 381, 383, 384, 385 et 386 du Code Pénal.

Enjoignons au gardien de ladite maison de le recevoir et retenir en état de mandat d'arrêt jusqu'à nouvel ordre.

Requerons tous dépositaires de la force publique, auxquels le présent mandat sera exhibé, de prêter main-forte pour son exécution, à l'effet de quoi nous l'avons signé et scellé de notre sceau.

Fait au Palais de Justice, à Saigon, le vingt septembre mil neuf cent trois.

Le Juge d'instruction,
Signé : X. .

Soit exécuté à notre requête :

Le Procureur de la République,
Signé : X...

N° 185

INDOCHINE

CABINET
du Procureur

Du 2 août 1903

MANDAT DE DÉPOT
contre
TRAN-VAN-NHIEU

N° de la plainte : 197

RÉPUBLIQUE FRANÇAISE
Liberté — Égalité — Fraternité

TRIBUNAL DE 1re INSTANCE
De Saigon

Au nom du peuple français

Nous, Procureur de la République près le Tribunal de 1re Instance de Saigon.

Mandons et ordonnons à tous huissier ~~ou~~ agents de la force publique de conduire en la maison d'arrêt de cette ville, en se conformant à la loi :

Le nommé Tran-van-Nhieu, âgé de 25 ans, cuisinier, demeurant à Saigon.

Enjoignons au gardien de la maison d'arrêt de l'y recevoir et l'y retenir jusqu'à nouvel ordre.

Requérons tous dépositaires de la force publique de prêter main-forte, s'ils en sont requis, pour l'exécution du présent mandat ; à l'effet de quoi nous l'avons signé et scellé de notre sceau.

Fait à Saigon, le 2 août 1903.

Le Procureur de la République,
Signé : X.

L'an mil neuf cent trois et le deux du mois d'août.

En exécution du mandat de dépôt ci-contre, délivré par M. le Procureur de la Republique près le tribunal de 1re instance de Saigon.

J'ai, Henri Victor, agent de la police urbaine de la ville de Saigon, y domicilie,

Exhibé et notifié ledit mandat au susnommé Tran-van-Nhieu à lui ai fait sommation, au nom du Peuple français, de me suivre en la maison d'arrêt de Saigon où de fait, j'ai conduit ledit Tran-van-Nhieu et où étant et parlant au sieur X..., concierge de ladite maison, je lui ai exhibé l'original dudit mandat, en vertu duquel je lui ai fait sommation de recevoir et garder la personne dudit Tran-van-Nhieu, ce qu'il a déclaré être prêt à faire. M'étant fait présenter les registres de ladite maison, j'y ai inscrit ledit mandat en entier et fait écrou du susnommé et l'ai laissé en la garde dudit concierge, pour y demeurer en état de dépôt; lequel dit sieur X..., s'en est chargé, a promis de le représenter à tous mandements de justice, et a signé avec moi tant sur les registres qu'au présent pour me servir de décharge. De tout quoi j'ai dressé le présent procès-verbal dont le coût est de : un franc cinquante centimes.

L'Agent.

Signé : HENRI.

N°

Cochinchine Française

PARQUET
du
Tribunal de 1re instance
de Saigon

Du 8 mai 1903

MANDAT DE COMPARUTION
contre
NGUYÊN-VAN-TAY

N° de la Plainte : 327

RÉPUBLIQUE FRANÇAISE
Liberté—Égalité—Fraternité

TRIBUNAL DE 1re INSTANCE

De Saigon

Au nom du peuble Français

Nous, X..., Procureur de la République près le Tribunal de 1re instance de Saigon.

Mandons et ordonnons à tous huissiers ou agents de la force publique d'assigner à comparaître par-devant nous, Nguyen-van-Tay, 27 ans, cuisinier, demeurant rue d'Ayot n° 33, à Saigon, inculpé de vol d'une somme de trente piastres commis le 2 courant au préjudice de la femme Nguyen-thi-Ly, demeurant à Chodui, pour être entendu sur les inculpations à lui faites, en lui déclarant que, faute de comparaître, il sera décerné contre lui un mandat d'amener.

Requérons tous dépositaires de la force publique de prêter main-forte, s'ils en sont requis, pour l'exécution du present mandat, à l'effet de quoi nous l'avons signé et scellé de notre sceau.

Fait au Parquet de 1re instance, à Saigon, le 8 mai 1903.

Le Procureur de la République,
Signé : X.

Du 8 Mai 1903

MANDAT DE COMPARUTION

L'an mil neufcent trois et le huit du mois de Mai.

A la requête de M. le Procureur de la République près le Tribunal de 1re instance de Saigon.

Nous, Duclos Justin, agent de police urbaine, domicilié à Saigon.

Avont assigné le nommé Nguyen-v.-Tay, agé de 27 ans, cuisinier.

A comparaître le dix courant, à quatre heures du soir, devant M. le Procureur de la République de Saigon, pour être entendu sur les inculpations à lui faites.

Lui déclarant que, faute de comparaître, il sera décerné contre lui un mandat d'amener.

Et, afin qu'il n'en ignore, nous lui avons laisse copie.

J. DUCLOS.

INDOCHINE

N° de la plainte : 350

ORIGINAL

RÉPUBLIQUE FRANÇAISE

Liberté — Égalité — Fraternité

TRIBUNAL DE SIMPLE POLICE

De Saigon

Audience du 23 Juillet 1903, 7 h. m.

1° Nguyen-van-Lau, âgé de 27 ans, coolie au Château d'Eau, demeurant rue Paul Blanchy prolongée;

2° Tran-van-Bau, âgé de 30 ans, cuisinier, demeurant rue d'Ayot.

Inculpés d'avoir, à Saigon, le 10 Juillet 1903, causé du scandale sur la voie publique en se battant ensemble.

Contravention prévue et punie par l'art. 605, § 8, C. B. an IV.

Au Parquet, à Saigon, le 15 Juillet 1903.

Le Commissaire central de police, faisant fonctions de ministère public,

Signé : X.

N°

CITATION A INCULPÉ

LE MINISTÈRE PUBLIC

contre

NGUYÊN-VAN-LAU

et

consorts

ORIGINAL

RÉPUBLIQUE FRANÇAISE

Liberté—Égalité—Fraternité

INDOCHINE FRANÇAISE

TRIBUNAL DE SIMPLE POLICE

De Saigon

L'an mil neuf cent trois et le dix-sep[t] du mois de Juillet.

A la requête de M. le Commissaire central de police, faisant fonctions de ministère public près le Tribunal de simple police à Saigon.

Nous, Marignac, Charles, agent de police urbaine à Saigon.

Avons donné assignation à : 1° Ng.-van-Lau, âgé de 27 ans, coolie au Château d'Eau, demeurant rue Paul-Blanchy prolongée, où étant et parlant à sa personne; 2° Tran-van-Bau, âgé de 30 ans, cuisinier, demeurant rue d'Ayot, où étant et parlant à sa personne, à comparaître le jeudi 23 Juillet 1903, à sept heures du matin, devant le Tribunal de simple police de Saigon pour répondre à l'inculpation d'avoir à Saigon, le 10 Juillet 1903, causé du scandale sur la voie publique en se battant ensemble; contravention prévue et punie par l'art. 605, § 8, C. B., an IV.

Leur déclarant que, faute de comparaître, il sera requis défaut contre et passé outre au jugement.

Et, afin qu'ils n'en ignorent, nous leur avons laissé copie de la présente dont le coût est de :

Signé : MARIGNAC,

N°

CITATION A TÉMOIN

LE MINISTÈRE PUBLIC

contre

NGUYÈN-VAN-UT

ORIGINAL

RÉPUBLIQUE FRANÇAISE

Liberté — Égalité — Fraternité

COCHINCHINE FRANÇAISE

TRIBUNAL DE SIMPLE POLICE

De Saigon

L'an mil neuf cent trois et le dix-neuf du mois de Juillet.

A la requête de M. le Commissaire central faisant fonctions de ministère public près le Tribunal de simple police de Saigon.

Nous, Paillot, Charles, agent de police urbaine à Saigon.

Avons cité : 1° le sieur Tuu Lazare, menuisier, demeurant rue Lagrandière n° 207, où étant et parlant à sa personne;

2° Nguyen-van-Truc, marchand ambulant, demeurant à Cau-ông-Lanh, où étant et parlant à sa personne.

A comparaître, le jeudi 24 Juillet 1903, à sept heures du matin, devant le Tribunal de simple police de Saigon, pour y déposer en personne sur les faits et circonstances dont il leur sera donné connaissance.

Leur déclarant que, faute de comparaître, ils y seront contraints par amende et même par corps, conformément à la loi.

Et, afin qu'ils n'en ignorent nous leur avons laissé copie de la presente, dont le coût est de :

Signe : PAILLOT.

Du 21 octobre 1903

JUGEMENT PAR DÉFAUT

contre

THAN-O-TONG

ORIGINAL

RÉPUBLIQUE FRANÇAISE.

Liberté—Égalité—Fraternité

EXTRAIT

des minutes du greffe de la Justice de Paix de Saigon

RÉPUBLIQUE FRANÇAISE

Au nom du peuple français

D'un jugement du Tribunal de simple police de Saigon. en date du 21 octobre mil neuf cent trois, enregistré, rendu sur la poursuite du Ministère public, il appert que: Thân-ô-Tong, âgé de 48 ans, né à Saigon, profession de coolie, demeurant rue d'Ayot, a eté condamné à la peine de 5 francs d'amende par application de l'article 1er de la loi du 23 Janvier 1873 et, qu'en outre, il a été condamné aux dépens qui ont été liquidés à trois francs quinze centimes, non compris les coûts du présent et ceux de mise à execution.

Contrainte par corps au minimum.

En conséquence,

La République française mande et ordonne à tous huissiers sur ce requis de mettre ledit jugement à exécution, aux Procureurs généraux et aux Procureurs près les tribunaux de première instance d'y tenir la main, à tous commandants et officiers de la force publique de prèter main-forte lorsqu'ils en seront légalement requis.

En foi de quoi ledit jugement a été signé sur la minute par M. le juge de paix et par le greffier.

Pour extrait conforme :

Le greffier,
Signé : X.

Soit signifié à notre requête :

Le 2 Mars 1904.

Le Commissaire Central de police faisant fonctions de ministère public près le tribunal de simple police de Saigon.

Signé : X.. ,

Pour copie conforme :

SIGNIFICATION
d'un
Jugement par défaut

—

LE MINISTÈRE PUBLIC
contre
THAN-O-TONG

ORIGINAL
THAN-O-TONG

L'an mil neuf cent quatre et le six du mois de mars.

A la requête de M. le commissaire central de police faisant fonctions de ministère public près le Tribunal de simple police de Saigon, faisant élection de domicile en son bureau, sis rue Lagrandière n° 32

J'ai Paillot, Charles, agent de police urbaine à Saigon.

Par ces présentes, signifié, par copie entière et en tête de mon exploit, au nommé Than-ô-Tong, âgé de 48 ans, né à Saigon, profession de coolie, demeurant à Saigon, rue d'Ayot, où étant en son domicile et parlant à sa personne, l'extrait en forme exécutoire ci-dessus d'un jugement du tribunal de simple police de Saigon, en date du 21 Octobre mil neuf cent trois, enregistré, rendu sur la poursuite du ministère public, lequel condamne le susnommé Thanô-Tong à la peine de cinq francs d'amende et aux dépens liquidés à trois francs quinze centimes non compris les coûts du present et ceux de mise à exécution.

Lui déclarant en outre que faute par lui de se porter opposant à l'exécution dudit jugement dans les délais de la loi il sera pourvu à son exécution.

Et enfin que le sus-nommé n'en ignore. je lui ai, étant et parlant comme dessus, laissé la présente copie dont le coût est de

Dont acte sous toutes reserves.

L'Agent,

PAILLOT.

Détail du coût :

Original.......	1 $ 00
Copie....	0 75
Rôle 1.........	0 50
Transport.....	
Extrait........	0 26
Total......	
Enregistrement.	0 50

INDOCHINE

PARQUET
du
TRIBUNAL
de
SIMPLE POLICE
de Saigon

RÉPUBLIQUE FRANÇAISE
Liberté—Égalité—Fraternité

RÉQUISITOIRE

Nous, Commissaire central soussigné, exerçant les fonctions du ministère public près le Tribunal de simple police de Saigon, en vertu du jugement rendu par ce tribunal, le 25 Août 1903, lequel condamne le nommé Nguyên-van-Dac, âgé de 26 ans, cuisinier, demeurant rue Lagrandière, à 24 heures d'emprisonnement, requérons tous exécuteurs de mandements de justice de conduire et écrouer ledit Nguyên-van-Dac dans la prison de cette ville.

Mandons et ordonnons au gardien de ladite maison de recevoir et garder le nommé Nguyên-van-Đac, pendant le temps déterminé par le jugement susénoncé.

Fait à Saigon, le 8 Janvier 1904.

Le Commissaire central,
officier du ministère public,
Signé : X...

N° 175

CITATION A PREVENU

LE MINISTÈRE PUBLIC
contre
MAI-VAN-TRINH
et
NGUYÊN-VAN-TO

ORIGINAL

RÉPUBLIQUE FRANÇAISE
Liberté—Égalité—Fraternité

INDOCHINE FRANÇAISE

L'an mil neuf cent trois et le vingt sept du mois d'août.

A la requête du ministère public près le Tribunal correctionnel de 1re instance de Saigon.

Nous Gustave (Joseph), agent de police urbaine à Saigon, y domicilié,

Avons cité les nommés :

1° Mai-van-Trinh, 24 ans, maçon, demeurant à Saigon, rue Lagrandière, en son domicile où étant et parlant à sa personne ;

Nguyên-van-To, 26 ans, bijoutier demeurant rue Paul Blanchy, en son domicile, où étant et parlant à sa personne, à comparaître le samedi 29 août 1903, à sept heures du matin, par-devant le Tribunal correctionnel de 1re instance de Saigon, pour répondre à la prévention d'avoir, à Saigon, dans la soirée du 25 juillet dernier, volontairement porté des coups et fait des blessures au nommé Mac-Hien, chinois de la congrégation de Canton demeurant rue Ohier, à Saigon, delit prevu et puni par l'article 311 du Code Pénal.

Et afin qu'ils n'en ignorent, nous leur avons laissé copie de la présente dont le coût est de :

L'Agent,
Signé : GUSTAVE.

N° 175

CITATION A TÉMOIN

LE MINISTÈRE PUBLIC

contre

MAI-VAN-TRINH

et

consorts

ORIGINAL

Enregistré à , le mil neuf cent
sous le numéro n° en débet ; coût :

RÉPUBLIQUE FRANÇAISE

Liberté — Égalité — Fraternité

INDOCHINE FRANÇAISE

TRIBUNAL CORRECTIONNEL DE SAIGON

L'an mil neuf cent trois et le vingt-sept du mois d'août,

A la requête du Procureur de la République près le Tribunal correctionnel de 1re instance de Saigon.

Nous Frédéric (Antoine), agent de la police urbaine de Saigon, y domicilié, avons cité :

1° Nguyên-van-Phuoc, 40 ans, cuisinier, demeurant à Khanh-Hoi en son domicile, où étant et parlant à sa personne ;

2° Nguyên-thi-Rot, 20 ans, couturière, demeurant rue Catinat, en son domicile, où étant et parlant à sa personne, à comparaître le samedi vingt-neuf août, à sept heures du matin par-devant le Tribunal correctionnel de Saigon pour y déposer en personne sur les faits et circonstances dont il leur sera donné connaissance.

Leur déclarant que, faute de comparaître, ils y seront contraints par amende et même par corps, conformément à la loi.

Et, afin qu'ils n'en ignorent, nous leur avons laissé copie de la présente, dont le coût est de :

L'agent

Signé : FRÉDÉRIC.

N°

PARQUET
du
TRIBUNAL
de
1re Instance de Saigon

N° 150 du Parquet

FLAGRANT DÉLIT

RÉPUBLIQUE FRANÇAISE
Liberté — Égalité — Fraternité

INDOCHINE FRANÇAISE

ADMINISTRATION DE LA JUSTICE

RÉQUISITIOM A TÉMOIN

(Article 3 de la loi du 20 mai 1863)

L'an mil neuf cent trois et le seize du mois d'août,

Nous, Procureur de la République près le Tribunal de 1re instance de Saigon, prions M. le Commissaire central de requérir verbalement :

1° Nguyên-van-Tho, cuisinier, demeurant rue Lagrandière ;

2° Pham-van-Nhieu, 30 ans, maçon, demeurant à Cau-ong-Lanh ;

4° Tran-van-Chau, 19 ans, boy, demeurant rue Larclauze, de comparaître devant le Tribunal correctionnel de Saigon, le 17 août 1903, à huit heures du matin, à l'effet de témoigner sur les faits dont il leur sera donné connaissance, déclarant qu'à défaut de se présenter, ils seront condamnes à l'amende prononcée par la loi.

Le Procureur de la République,
Signé : X.

Vu et exécuté :
Saigon, le 16 août 1903.
Le Commissaire de police soussigné,
Signé : X.

INDOCHINE

SOMMIER
des
AMENDES

N° 218

Le présent avis doit toujours être renvoyé au bureau.

RÉPUBLIQUE FRANÇAISE
Liberté—Égalité—Fraternité

SERVICE DE L'ENREGISTREMENT
DES DOMAINES ET DU TIMBRE

BUREAU DE SAIGON

M. Ly-dinh-Hoi, cuisinier, à Saigon.

Vous êtes redevable de la somme de 36 $ 80, montant des condamnations prononcées contre vous, par jugement en date du 31 juillet 1903.

Je vous prie d'adresser dans la huitaine cette somme au bureau avec le présent avertissement

A défaut de paiement ou de réponse dans ce délai, vous vous exposeriez aux poursuites ordonnées par la loi.

Saigon, le 10 août 1903.
Le Receveur des Domaines.
Signé : Z.

INDOCHINE

Le Service de l'Enregistrement (bureau des amendes de condamnations pécuniaires).

contre

NGUYÊN-VAN-BAU

ORIGINAL

RÉPUBLIQUE FRANÇAISE

Liberté—Égalité —Fraternité

COPIE D'UN EXTRAIT DES MINUTES DU GREFFE

du Tribunal de Saigon, délivré au Service de l'Enregistrement, pour assurer le recouvrement de condamnations prononcées au profit du Trésor.

Tribunal de Saigon. — Matière de simple police. Suivant jugement rendu définitif à la date du 8 Juillet 1903, sur la poursuite du ministère public, le nommé Nguyên-van-Bau, coolie, demeurant rue Richaud, a été condamné, pour infraction à l'art. 605 du C. B., par application des articles à une amende de 1 $ 33 et aux dépens liquidés à 2 $.

Le greffier soussigné certifie que le jugement est définitif.

Pour extrait conforme delivré à M. le Receveur des Domaines par le Greffier soussigné, le 16 Août 1903.

Signé : X.

Vu au paquet :

Saigon, le 190 .

Le Procureur de la République,

Signé :

Pour copie certifiée conforme :

L'Huissier.

COMMANDEMENT

L'an mil neuf cent trois,

A la requête de M. le Secrétaire Général, remplissant en Indochine les fonctions de Direcieur général de l'Enregistrement, des Domaines et du Timbre, poursuite et diligence de M. X., Chef du service de l'Enregistrement, des Domaines et du Timbre de l'Indochine, demeurant à................. agissant au nom de M. le Procureur d la Republique près le Tribunal de Saigon et pour lequel domicile est élu au bureau de M. Z.

Je soussigné, Joseph, agent de polic urbaine à Saigon, y demeurant et d micilié, ai signifié et donné copie au sieur Nguyên-van-Bau, coolie, demeurant rue Richaud en son domicile, e parlant à sa personne de l'extrait d'u jugement rendu définitif à la date du Juillet 1903 sur la poursuite du ministère public, portant condamnation du dit sieur Nguyên-van-Bau, à la somm de 1$33 pour amende, et à celle de 2$0 pour frais liquidés, soit au total 3$3 cents envers le Trésor, pour contravention à l'article 605, § 8, C. B.

En vertu dudit jugement, à même r quête, demeure et élection de domicil que ci-dessus, j'ai Joseph susdit et sou. signé, fait commandement, au nom d Peuple français, la loi et la justice, au dit sieur Nguyên-van-Bau de payer dans les cinq jours pour tout délai, e tre les mains de M. X..., Receveur Saigon, et non en d'autres mains, sou peine de payer deux fois ladite somm de 3$33 cents, montant des condamn tions contre lui prononcées par led

Détail du coût:

Original.....		
Copie........		
Copie de p... (rôle).......		
Enregistrement.......		
Ensemble...		
Transport....		
TOTAL....		

jugement sans préjudice des frais de la poursuite faits et à faire.

Lui déclarant que, faute de s'exécuter dans ledit délai et lui expiré, il y sera contraint par toutes les voies autorisées pour le recouvrement des deniers publics, et notamment par l'emprisonnement de sa personne.

Afin qu'il n'en ignore, je lui ai, étant et parlant comme dessus, laissé la présente copie, dont le coût est de :

L'Agent,
Signé : JOSEPH.

Cochinchine Française

BUREAU DE SAIGON
(DOMAINES)

N° 340 du sommier des amendes et frais de justice, exercice 191 .

Le débiteur a éte averti le 4 juin 1903 et menacé de la contrainte par corps le 10 novembre 1903.

Nota. Ne point demander l'incarcération du condamné à une peine corporelle pendant qu'il la subit ou lorsque le sursis accordé par l'article 11 de la loi du 13 décembre 1848 n'est pas expiré.

(1) Si l'individu est actuellement détenu, ajouter ici : « Par voie de recommandation »,

(2) Par arrêt *ou* jugement contradictoire *ou* par défaut.

(3) Indiquer la nature du crime, du délit ou de la contravention.

Cochinchine. — Enregistrement. — 2e partie, n° 13 (1884).

RÉPUBLIQUE FRANÇAISE
Liberté—Égalité—Fraternité

SERVICE DE L'ENREGISTREMENT
ET DES DOMAINES

Le Receveur de l'enregistrement et des domaines, soussigné, demande, à titre de voie de recouvrement et en vertu des articles 33 et suivants de la loi du 17 avril 1832, modifiés par les articles 8 et suivants de la loi du 13 décembre 1848, la contrainte par corps (1).

Nguyên-van-Thi, 20 ans, vernisseur, demeurant à Hanh-Thong-Xa, condamné par (2) jugement de simple police en date du 25 mai 1902 pour (3) contravention à l'art. 475, § 5, C. P.

Amendes................ } Dommages-intérêts, restitutions et confiscations. } Dépens................... }	3$29
Frais du commandement signifié le.............	
Frais de capture..........	1 25
Total dû.........	4$54

A Saigon, 1er septembre 1903.

A Saigon, 5 octobre 1903.
Vu et autorisé la demande ci-dessus :
Le sous-insp. chef du service de l'enregistrement et des domaines,
Signé : X.

RÉQUISITOIRE

Nous, Procureur de la République près le Tribunal de première instance de Saigon.

Vu la demande et l'autorisation d'autrepart, requérons, en vertu des articles susvisés des lois du 17 avril 1832 et du 13 décembre 1848 sur la contrainte par corps, tous exécuteurs de mandements de justice de saisir et déposer en la maison d'arrêt de cette ville le nommé Nguyên-van-Thi pour les causes énoncées ci-dessus, dont il lui sera donné connaissance.

Ordonnons au gardien de ladite maison de le recevoir et garder, conformément à la loi, pendant (1) deux jours.

Requérons tous dépositaires de la force publique de prêter main-forte pour l'exécution du présent.

Fait au Parquet, le 15 août 1903.

Signé : X.

(1) Nombre de jours ou de mois.

Cochinchine Française

VILLE DE SAIGON

Du 20 octobre 1903

PROCÈS-VERBAL

Constatant l'exécution d'un réquisitoire émanant de l'enregistrement en date du 1er septembre 1903.

CONTRAINTE PAR CORPS.

Nom du débiteur : NG.-V.-THI.

Enregistré au Commissariat de police sous le n° 25.

Enregistré au Commissariat central sous le n° 150.

Reçu :

Le gardien en chef de la Prison centrale.

X.

Vu :
Le Receveur
de l'Enregistrement.

X.

RÉPUBLIQUE FRANÇAISE

Liberté—Égalité—Fraternité

COMMISSARIAT DE POLICE

du 1er Arrondissement

Cejourd'hui vingt octobre mil neuf cent trois, à sept heures du matin,

Nous, Vincent, Antoine, agent de police urbaine à *Saigon*, y demeurant,

Rendons compte que, procédant en vertu du réquisitoire ci-contre à nous transmis pour exécution,

Avons recherché le nommé Nguyên-van-Thi, 27 ans, boy, demeurant rue Lefèbvre, débiteur envers l'Etat de la somme de quatre piastres cinquante quatre cents, pour jugement de simple police rendu en date du 25 mai 1902.

Le sus-nommé ayant comparu, nou lui avons donné connaissance du ré quisitoire dont s'agit. Il a déclaré n pouvoir se libérer.

En conséquence, nous l'avons dépo sé à la maison d'arrêt et nous avon dressé le présent procès-verbal le jour, mois et an que dessus.

L'Agent,
Signé : VINCENT.

Vu :
Le Procureur de la République,
Signé : X.

SAIGON. — IMPRIMERIE DE L'UNION.

www.ingramcontent.com/pod-product-compliance
Ingram Content Group UK Ltd.
Pitfield, Milton Keynes, MK11 3LW, UK
UKHW021103270726
13993UKWH00006B/450